세계골퍼 60%가 신는 FJ(Foot Joy)
한국골퍼 60%가 읽는 FJ(Fun & Joke)

스토리텔링

알까기 Fun & Joke

윤선달 지음

감수 김종석 MC 지존, 아동학 박사
표영호 방송인, 굿마이크 대표

도서출판 선암사

추천사

알까기의 원조 **최양락**

알까기는 무궁무진하다. 피로사회를 살고 있는 현대인들에게 새로운 활력을 불어넣어 주는 지침서로 자리 잡고 있다. 이번에 다시 일본어, 골프, 건배사 시리즈에 이어 Fun & Joke가 나왔다.

까면 깔수록 무궁무진한 '알까기의 강자' 윤선달의 알까기 Fun & Joke가 남녀 지위고하를 막론하고 읽는 즐거움을 안겨줄 것이다. 일상생활 속에서 간과하고 넘어가는 말들을 언어의 유희로 조합하여 재미있게 분석한 책 Fun & Joke!

기분이 좋아지고 웃음이 절로 나는 책이다. 한마디 한마디에 새로운 의미가 담겨 있어 보다 뜻깊은 회식자리를 만들어 줄 것 같다. 이 책이 행복한 하루를 만드는 Fun의 새로운 지침서가 되기를 바란다.

세계미래포럼 이사장 **이영탁**

펀 경영이 대세를 이루는 현대인의 생활 속에 잠시 쉬어가는 코너가 펀 앤 조크가 아니겠는가? 이 책을 읽다보니 사물을 보는 각도를 달리하면 누구나 전문가가 될 수 있겠다는 생각이 든다.

앤드리스 씽크 탱크 윤선달!
이 책 또한 알까기 시리즈의 캐치프레이즈처럼 쉽고, 재미있고, 유익한 책이다. 특히, 한자의 뜻을 재미있게 분석하여 의미를 달리한 것이 볼수록 가치를 더해주는 책이다.

쬬그만 사물도 놓치지 않고 관찰하는 윤선달만이 만들 수 있는 책이다. 이 책을 익혀 적재적소에 활용하면 어떤 모임에서도 청중을 이끌 수 있는 역할을 할 수 있을 것이다.

크리스마스 산타처럼 웃음보따리를 선사하는 책, 이 Fun을 숙지하면 골프장에서나 회식자리에서 한층 재미를 더하리라.

또다시 알을 까면서...

지난해 나온 알까기 건배사가 독자들의 사랑을 받으며 대량으로 팔려나갔다. 덕분에 여러 언론에 노출되기도 하고 각종 행사 사회나 강의를 통해 '건배사의 달인' 이란 칭호를 얻기도 했다.

강의의 한 축을 이루던 Fun & Joke의 내용이 이메일을 통해 매주 월요일 아침에 배달되었고, 페이스북과 카카오스토리에 올릴 때 마다 반응이 좋았다.

많은 분들 의견이 한자풀이 등 기존에 나온 자료들 설명이 다소 부족했는데, 좀 더 자세하게 풀이하는 책으로 펴냈으면 하는 요구가 있었다. 그래서 스토리텔링으로 엮어 보았다.

이 책이 보다 나은 삶과 밝은 사회를 만드는데 일조를 했으면 하는 바람이다. 잠을 자는 사람은 꿈을 꾸지만, Fun을 활용하는 자는 꿈을 이룬다고 했다. 시대의 화두인 Fun & Joke를 통하여 보다 윤택한 사회가 만들어졌으면 좋겠다.

많은 격려를 해 주신 동원그룹 김재철 회장님, (주)한샘 최양하 회장님, 한국공인회계사회 강성원 회장님, 뉴스타 부동산그룹 남문기 회장님, 前.국무총리실 조중표 실장님, 메타바이오메드 오석송 회장님, 코글로닷컴 이금룡 회장님, 포스코 ICT 이주연 박사님, 유머작가 김재화 박사님, 선암사 식구들에게 감사의 인사를 올린다.

2013년 7월 **윤 선 달**

알까기 Fun & Joke 찾아보기

Fun & Joke

알까기 Fun & Joke 찾아보기

• 참고자료

해저드 / 가출 / 프로와 아마추어 / 근무시간 / 헤밍웨이 강연 / 스피드 퀴즈 / 캐디를 내 편으로 만드는 10가지 노하우 / 남자와 강아지의 공통점 / 공을 끝까지 / 높은 것 / 언니는 아줌마 스타일 / 원샷 건배사 / 남녀의 차이 / 조령모개 / 아들의 진로 / MVP / 골프를 칠 때 빨리 받아야 하는 세 가지 / 고수 중수 하수 / 동사무소 건배사 / 초보공무원 / 눈높이 골프와 입담 / 의리 좋은 친구들 / 졸업 30주년 / 대구 5대 신흥명문고 / 말로 / 구구단은 참 쉬워 / 천당 가는 길 / 단골손님 / 기묘한 인연 / ABCDEFG란 / 내가 먼저 / 아내사랑 5계명 / 잘 나가다 삼천포 / 절반이 도둑 / 공중화장실 / 조만간 / 공을 바꿔라 / 중국의 웃음 / 무서운 이야기 / 이런광고 어땠나요 / WINE세대 / 무기여 잘 있거라 / 소원 / 등려군 / Don't give up / 한국의 세계 수준 네 가지 / 카톡이 문자메시지보다 좋은 네 가지

웃음의 힘

반칠환

넝쿨장미가 담을 넘고 있다
현행범이다
활짝 웃는다

아무도 잡을 생각 않고 따라 웃는다
왜 꽃의 월담은 죄가 아닌가

스토리텔링

알까기 Fun & Joke

Fun & Joke

오비이락

사람을 웃기고 울리는 골프에서의 오비는 과연 무엇인가?
우선 오비(5B)라는 것이 있는데...
부킹(Booking)을 하고, 공(Ball)을 치고, 목욕(Bath)을 하고,
맥주(Beer)를 마시고, 잠자리(Bed)에 들어간다.
5B! 이게 바로 지상천국.
설마, Bed를 19홀 Bed로 생각하시는 분은 안계시겠지요?
그런 분은 not bad(낫 배드)를 '모텔 물침대(낫 bed?)' 로 생각하신다네요.

영어로 OB란 Out of bounds!
그러나 내기하는 상대방 입장에서 OB는?
Oh Beautiful!
외국에서는 NKOB(뉴 키즈 온 더 블락)가 인기가 있다더군요.
설마, 모 대통령 시리즈처럼 NKOB를 남궁옥분으로 아시지는 않겠지요.

중국에서도 오비가 있다고 하죠.
그것이 바로 그릇될 오(誤), 날 비(飛),
즉, 오비(誤飛).
잘못 날아가니 OB,

정답은 뒷쪽에...
두산그룹의 백 배되는 그룹은?

고사성어 하나도 안 틀려요.
오비이락(誤飛二落)
오비를 하면 두 점이 떨어져 나간다.
그거 말 되죠.
오비를 내서 두 타 잃으면 골 때려요.
그것도 머리 두(頭), 칠 타(打),
즉, 두타(頭打)네요.

93년 두산OB가 경월(鏡月)소주를 인수했어요.
그 이유를 물어 보니
경월(境越)은 경계 경(境), 넘을 월(越).
즉, 경계를 넘어 가니 결국은 OB네요.

우리 두산이 오비만 내냐고요?
아닙니다. 그린(GREEN)소주도 있잖아요.
그럼, 혹시 퍼트가 그린을 벗어나는 그린오비?

젊은이들은 잘못 전송된 문자메시지도 오비났다고 하더군요.

두산OB본사를 '두산타워' 라고 하는데, 두 자로 줄이면 뭘까요?
두타
몇 타요?
두 타!
과연 그렇군요.

조만간 삼척에 있는 두타산도 두산OB에서 인수하는 것 아닐까요.

행복한 사람이 웃는 것이 아니라 웃는 사람이 행복하다. – 윌리엄 제임스 –

Fun & Joke

수리지

골프장에서 술 마신 적 있나요?
골프장에서 술 드시면 점수가 안 나와요.
아니구나. 점수가 너무 많이 나와요.

골프장 그늘집 다음 홀에 음주측정지역이 있다는 것을 아시겠지요?
그 지역이 바로 '수리지' 랍니다.
조금 전 마신 게 술이지(?)

또한 '토크 감별사' 개그맨 표영호는 '돌아가시오' 라고 적힌 수리지를 보고 제자리에서 한 바퀴 돌더니 그냥 질러가더라고요.
그걸 보는 동반자들이 모두 돌아가시는 줄 알았어요.

골프장에서 술을 마시면 어떻게 될까요?
맥주를 마시면 맥이 풀리고 막걸리 마시면 막 치지요.
정종을 마시면 정신 없어지고 소주를 마시면 소심해져요.

주당은 어쩌냐구요.
밥은 바빠서 못 먹고, 죽은 죽어도 못 먹고, 떡은 떡떡 걸려서 못 먹고,
술은 술술 잘도 넘어가는데...

진정한 골프는 무주 구천동(無酒 九千動)에 간다고 하는데,
골프는 술 안 마시고 구천 미터를 돌아 다닌다고.

정답 : 백두산그룹(헤비메탈의 대부 유현상)
골프장에서 가장 맛있는 빵은?

Fun & Joke

못 믿을 홀

골프장 홀맵에 HDCP(**H**an**D**i**C**a**P**)로 표시된 것이 있는데,
핸디캡 몇 번 홀이라는 것을 의미하지요.
그런데 홀별난이도 순위를 표시하는 HDCP란 이런 뜻입니다.
H - 힘(H)빼고,
D - 두상(D) 들지 말고,
C - 시원하게(C),
P - 패라(P)

우리나라 골프장 HDCP 1번 홀은 대부분 미들 홀 Par 4인데,
400미터 이상 오르막으로 되어 있어 좀처럼 투 온하기가 어렵지요.
게다가 앞바람이 불어오는 경우가 많은 지역이지요.
그래서 핸디캡 1번 홀에서 버디를 하게 되면 핸디캡 모독죄에 해당되는 곳도 있다네요. 따라서 PGA에서는 미들홀로 되어 있는 핸디캡 1번 홀을 이렇게 바꾸라고 지시했답니다.
'못 믿을 홀'

그럼, 야구에서 중간계투요원인
미들맨(Middle man)이 계투를
실패하면 '못 믿을 맨' 이 되겠네요.

유머감각이 없는 사람은 스프링이 없는 마차와 같다.
길 위의 모든 조약돌에 부딪칠 때마다 삐걱거린다. - 헨리 와 드 비쳐 -

Fun & Joke

요산요수

골프장 그늘집에 가면 요산요수(樂山樂水)라는 물티슈를 많이 쓰고 있어요.
이 또한 배려가 아닐는지요.
인자(仁者)는 요산(樂山)이요, 지자(智者)는 요수(樂水)라!
동반자의 공이 산으로 올라가거나 물에 빠졌을 때 하는 얘기.

산으로 가게 되면 인자(仁者)이기 때문이요,
워터 해저드에 빠지면 지자(智者)이기 때문...
이렇게 되면 동반자가 조금 위안이 되겠지요.
춘천의 산요수CC는 요산요수에서 유래.

전유성 씨가 그랬어요.
배려 없는 인생은 베려 버린 인생이라고.

해저드

수다스런 아줌마들이 골프를 치다 해저드에 공을 빠트렸다.
짓궂은 한 아줌마가 캐디에게 말했다.
"언니 공이 물에 빠졌어. 좀 줏어 줄래."
캐디가 대답했다.
"사모님, 들어가서 쳐도 되요. 해저드잖아요."

정답 : 안전빵
세상에서 가장 스린 동물은?

그늘집에서는 홍시 주스가 인기라지요.
감 좀 잡으려고
겨울에는 밀감이라도 시킨대요.
과자도 감자 칩이나 고구마 칩을 많이 파는데,
감도 잡고, 칩샷도 잘 되라고요.

캐디에게는 맛밤을 주어도 좋긴 하지만, 먹고 나서 하는 말이 좋지않아.
'오~ 밤아(?)' 가 아닌 '밤맛이야!'
그래서 스타벅스 커피를 갖다 주지요. '스타니까 스타벅스'.

이스트밸리에서 청도의 명주 동곡(東谷 = east valley)막걸리를 팔고, 블랙스톤CC는 흑석동(黑石洞) 특별할인 하면 좋겠네요.
상떼힐(SH)은 SH공사, 레이크힐스(Lake Hills)는 LH공사겠지요?
그럼, 제이드펠리스(JP)는 JP모건스가 주인?

가출

아이 감자가 엄마 감자에게 물었다.
엄마, 엄마 나 감자 맞어?
그럼, 당근이지.
그날 아이 감자는 가출했다.
아이 감자를 겨우 얼르고 달래서 집으로 데리고 왔다.
아이 감자가 이번에는 할머니 감자에게 물었다.
할머니, 할머니, 나 감자 맞지?
오이야!
그 말을 들은 아이 감자는 가출해 아직까지 연락두절된 상태입니다.
아이 감자를 발견하신 분은 채소가게(524-5252)로 연락 바랍니다.

웃음은 최고의 결말을 보장한다. – 오스카 와일드 –

Fun & Joke

F킬라

국세청 출신 박 회장의 별명은 '에프 킬라'.
웬 파리잡이?
테니스 복식에서 전위공격 시 포칭으로 점수 따는 것을 '파리 잡는다'고 하지요.
박 회장은 숏게임 어프로치 'F'를 퍼트보다 잘 다룬다고 해서 붙여진 별명이 F킬라.
드라이버는 쇼이고, 숏게임은 현찰이지요.
그런데, 요즈음 에프 킬라가 문제를 일으킨다는군요.

박 회장이 학교 다닐 때 별명은 수영선수.
수학과 영어가 만점 수준이었대요.
박 회장은 제대로 1등하고, 선달은 약분해야만 1등을 했다고.
고시도 장관을 많이 배출한 10회 출신.
주자 선생께서 얼마나 10회를 좋아했으면 '주자십회'를 만들었을까?
집념의 사나이 박 회장은 PHD(**P**izza **H**ut **D**elievery)를 하면서 Ph.D.(박사학위)를 땄으며, 이제는 PHD(Paradise Hotel Dinner)를 할만큼 여유가 생겼대요.

국세청 4국에서 세무사찰(?)을 담당할 때 종교를 불교로 바꾼 건 아닌지.
55년생이라 옷도 'Munsing wear 1955' 마크가 달린 먼싱웨어!

정답 : 앞 팀(가장 빠른 동물은 뒷 팀)
파리나 모기 없으면 못사는 사람은?

Fun & Joke

영일만 친구

골프 타수별로 누구를 기여하는지 알아 보면,
60대는 박세리나 최경주처럼 외화를 벌어 국가를 먹여 살리고,
70대는 부지런히 돈을 따서 가족을 먹여 살리고,
80대는 사흘이 멀다하고 골프장을 드나들어 골프장을 먹여 살리고,
90대는 허구한 날 돈을 잃어 친구를 먹여 살리는데,
100대는 과연 누구를 먹여 살릴까요? 바로 골프공 제조회사.

그럼 타수별로 좋아하는 것이 있다는데,
60대 골퍼가 좋아하는 TV는 파브(PAVV = Par & Buddy).
70대 골퍼가 좋아하는 노래는 나훈아의 '영영'과 권태수의 '파파'.
80대 골퍼가 좋아하는 차는 아우디, 좋아하는 스포츠는 올림픽.
90대 골퍼가 좋아하는 노래는 최백호의 영일(010101010)만 친구.
100대 골프가 90대로 진입하면 백파(百破), 90대가 100대로 올라가면 월백(越百), 계속 100대에 머무르면 계백장군.
그럼, 연간 100회 이상 골프장에 가면 백골부대?

프로와 아마추어의 차이
프로에게 100분이 주어지면 퍼트 40분, 아이언 30분, 우드 20분, 드라이버 10분 연습하는데,
아마추어는 퍼트 10분, 아이언 20분, 우드 30분, 드라이버 40분, 게다가 뽑기연습 50분을 더한대요.

웃기 시작하면 마음에 여유가 생기고 그 공간에 복이 들어온다.

Fun & Joke

SMart

21세기는 SM전성시대라고 하지요.
누구 얘길까요?
어릴때는 SM(Seoul Milk)을 먹고 자랐는데,
총각 때는 SM(신명여고) 만나 신명났고,
대학 때는 SM(숙명여대)과의 숙명적 만남.
직장도 SM(삼성맨)을 택했고, 병원도 SM(Samsung Medical Center), 휴대폰도 SM(Samsung Mobile).

차는 당연히 SM(SM520)을 타는데, 네비게이션도 SM으로 장착했데요.
그런게 어디 있냐고요?
바로 SpeedMate!
참, SM 모델로 바이런 넬슨 챔피언십 우승자 배상문 선수가 좋겠죠.
SM.Bae

5부제가 걸리는 날에도 여지없이 SM을 이용하는데 그건
Seoul Metro.

등려군

딸부자 아버지가 아들을 기대했는데 또 딸이었다.
그때 아버지가 하신 말씀,
음... 또 득녀군!

정답 : 파리, 모기약 장수

어떤 사람은 커피를 왼손으로 젓고, 어떤 사람은 오른손으로 젓는데 그 이유는?

골프장갑도 SM, 절대 뒤집어
WilSon을 만들면 아니되옵니다.

선 달(Standing Moon?)은 밤문화도
SM을 즐기는데 필리핀 국민맥주
SM(San Miguel)만 찾아요.
그럼, 소맥도 SM인가요?

그래도 최고의 SM은 바로 SM엔터테인먼트.
뭐니뭐니해도 21세기는 SM이 art인 세상
'SMart!'

대한민국이 SMart 시대의 Elite가 된 큰 이유는,
학생 때부터 스마트와 엘리트 복장에 자연스레 물들어서이지
않을까.

헤밍웨이 강연

헤밍웨이가 강연을 위해 시카고행 비행기를 타려고 공항에서 있었다.
미 상원의원 한 명이 아주 중요한 일이 생겼다며 항공사측에 압력을 넣어 마지막에 예약한 헤밍웨이 좌석을 취소케 하였다.
어쩔 수 없이 시카고행을 포기할 수밖에 없는 헤밍웨이였다.
그런데 이를 어쩌나. 상원의원의 중요한 일이란 바로 그 헤밍웨이의 강연을 듣는 일이었으니.

마음이 유쾌하면 종일 걸을 수 있고, 괴로움이 있으면 십리 길에도 지친다.
– 셰익스피어 –

Fun & Joke

캐디는 3D업종?

우리나라 캐디의 수준은 세계적인 경쟁력을 가졌다고 해요.
클럽 다 챙겨 갖다 주죠. 거리 불러 주죠. 공 닦고 라인 봐 주죠.
점수 다 적어 주지요.

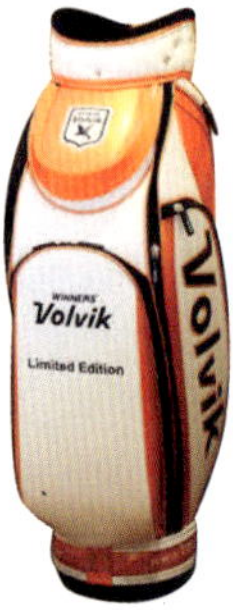

그런데, 왜 3D업종이라고 할까요?
힘들어서가 아니고
버D, 핸D, 잔D와 함께 있어서예요.

캐디(caddy, caddie)를 영어로 caDDDy로 쓴다지요.
그렇게 캐디를 4D업종으로 만들어서는 안되겠지요.
오이시D까지 관리한다고 해서요.

스피드 퀴즈

어느 부부가 TV 방송국에 나가서 스피드 퀴즈를 하게 되었다.
제시된 단어로 '칠갑산' 이 나오자 부인이 급하게 설명했다.
"여보, 그 있잖아요. 당신이 노래방에 가면 항상 부르는 거."
그러자 남편이 자신있게 대답했다.
그날 밤, 남편은 원 없이 얻어맞았다.
남편이 자신있게 한 대답은,
"도우미."

정답 : 설탕 녹이려고
버스 안내양 출신 세 명이 만드는 가장 어울리는 사업은?

요즘 남자 캐디가 많아지는 추세이지요.
특히, 보이스 캐디(voice caddy = boy's caddy?)로 캐디가 곤혹을 치르고 있대요.

캐디는 진행에만 집중하고 내기는 각자 알아서 하는 것이 캐디에 대한 배려 아닐까요?
어차피 '한 번 OECD는 영원한 OECD'로 노블레스 오블리제의 상징이니까요.

캐디 기준 굿 샷은 파4, 5에는 클럽 전달하기 좋은 카트길 옆인 역세권이라고 하는데, 파3의 경우 굿 샷은 에지(edge)랍니다.
왜냐구요?
볼을 안 닦아 드려도 되니까요.

캐디를 내 편으로 만드는 10가지 노하우

1. 언니 대신 이름을 불러 주고 반말이나 극존칭은 쓰지 말자.
2. 당신의 경쟁자가 아닌 동반자이자 조력자이니 믿고 신뢰하자.
3. 어차피 찾기 힘든 공이라면 그냥 두라고 먼저 말하라.
4. 못 치면 내 탓, 잘 치면 캐디 덕으로 돌리자.
5. 골프를 제대로 즐기려면 스스로 생각하고 행동하라.
6. 볼을 아깝게 생각하지 말고 시간이 아까운 줄 알라.
7. 에지 남보다 매너 남이 되자.
8. 센스있는 유머로 분위기를 부드럽게 만들자.
9. 따뜻한 배려와 칭찬으로 캐디를 춤추게 하라.
10. 캐디피 봉투를 미리 준비하면 유종의 미!

Fun & Joke

방생도사

남들 모르는 PGA정보 하나 알려 드릴게요.
PGA용어가 지난 석가탄신일자로 두 개 더 생겼는데,
그게 바로 '방생도사' 요 '환골탈테' 라.
방생도사(방生도死)란,
방카에 빠지면 살고, 도로에 맞으면 죽어!

내기하는 상대방은 방카에 빠졌을 때
이렇게 한다더군요.
'방카방카 방가방가'

물론 캐디는 방카족을 싫어 해요.
방카에 빠져서 플레이가 지체되어서가 아니라 반카(反CAR)족.
즉, 카트를 타지 않고 운동한답시고 내내 걸어 다니는 골퍼.

남자와 강아지의 공통점

1. 털이 많다.
2. 먹이를 챙겨 주어야 한다.
3. 시간을 내 놀아 주어야 한다.
4. 버릇을 잘 들여 놓지 않으면 평생 고생한다.
5. 복잡한 말은 잘 알아듣지 못한다.

정답 : 세차장
골프광은 야구경기에서 0:0 무승부로 끝나면 무엇으로 간투할까?

플레이에 지장을 주지 않고 걷는 것은 좋지만,
캐디는 속이 타는데 고객은 카트 안 타고 유유히 걸어가는 경우도 자주 있답니다.

요즈음은 뽑기를 하는데 걸어가면 카트에서 못 뽑고 티잉그라운드에서 뽑다 보면 경기가 지연되는 경우가 많습니다.
제발 그러지들 마세요.

그럼, 환골탈테(還골脫테)란 무엇일까요?
테니스를 탈퇴하고 골프로 돌아오다.
골프가 얼마나 재미있으면 테니스를 끊고 돌아올까.

어떤 친구는 죽을 때까지 골프와 테니스 둘 다 치기도 하는데요.
테니스가 안되면 골프 핑계 대고,
골프 잘 안 맞으면 테니스 핑계 대고….
어차피 골프는 핑계의 운동이니까요. ㅎㅎ

끝까지

초보골퍼가 티샷을 하고 티박스에서 내려오지 않고 마냥 굴러가는 공을 쳐다보고 있었다.
화가 난 친구들이 말했다.
"너 왜 빨리 안 내려와."
초보가 중얼거렸다.
"코치님이 공을 끝까지 보라고 했어."

진정한 유머는 머리에서가 아니라 마음에서 나온다. – 토마스 카일라일 –

Fun & Joke

골프5계

신라시대 원광법사가 화랑이 지켜야 했던 다섯 가지 계율인 세속 5계를 얘기했듯 골퍼에게도 반드시 알아야 할 5계가 있다.
첫째 일취월장(一取越長), 원 퍼트는 장타보다 낫다는 얘기.
둘째 이구동성(二球同成), 세컨 샷은 성공의 지름길.
셋째 삼고초려(三高初慮), 세 명의 고수와 붙는 초보자는 걱정이 태산.
또, 삼고초려하는 골프초보자는 삼파전에 끼어 세 파(par)에 시달린다고 하더군요.
그래서 그늘집에서 파전을 먹는답니다.
전(?)먹던 힘까지 내서 파 존(Par Zone)으로 보내기 위하여.
가장 멋진 파는 바로 '실력파.'

혼자 거울보고 맞고 쳐도 돈이 안 맞는다는 죽마고우(죽치고 마주 앉아 고스톱치는 우정)들을 조금 변형된다지요.
'쓰리고를 할 때 초단을 조심하라.'
넷째 사고무친(四高無親), 네 명의 고수끼리는 절대 친할 수 없지.
또한, 드라이버, 세컨드 샷, 어프로치, 퍼트 네 가지가 고수이면 친구가 없어진다고 하지요.
죽마고우끼리는 '포고까지 하면 친구가 없어진다.'
다섯째 오비이락(誤飛二樂), 오비를 내면 상대팀 두 명이 즐거워 해.

정답 : 올 파
골프장 그늘집의 여름철 팥빙수에 들어가는 가장 좋은 팥은?

Fun & Joke

손오공

서유기 좋아하시죠.
바쁠 때는 손오공처럼 각기 다른 나를 만들고 싶기도 하죠.
이즘 골프장에서도 손오공을 만날 수 있습니다.
'**손**님 **오**늘의 **공**이예요.'
손오공을 한 사람에게 주어지는 상이 바로 TBS(**T**oday **B**est **S**hot) 방송대상이랍니다.
상품으로는 TBS(**T**he **B**ody **S**hop) 선물세트를 준비하세요.
그런데, '오늘의 백미(白眉)' 라는 의미로
백미(白米) 한 가마가 더 좋겠네요.

최근까지는 '오잘공' 이라 불렀어요.
'오늘 제일 잘 친 공.'
한자용어로는 금일재현불가타(今日再現不可打).
그런데 본인은 겸손하게 '우잘공' 이라 말하기도 하데요.
우짜다 한번 잘 맞은 공. 지역에 따라서는 '어잘공' 이라고도 해요.
'어쩌다 한번 잘 맞은 공.'
그렇담, '어공' 은 **어**쩌다 **공**무원이 된 분인지도 모르겠군요.

Tip 최근에는 미잘공(미치도록 잘 맞은 공), 또잘공(또 한번 잘 맞은 공), 해잘공(해방 이후 가장 잘 맞은 공), 임잘공(임진왜란 이후 가장 잘 맞은 공)과 단잘공(단군 이래 가장 잘 맞은 공) 같은 말이 유행합니다.

행복은 입맞춤과 같다. 행복을 얻기 위해서는 누군가에게 행복을 주어야만 한다. – 디어도어 루빈 –

Fun & Joke

두두불사

여러분 주량은 어느 정도인가요?

말술도 사양하지 않는다, 즉, 두주불사(斗酒不辭)형 인간이 있죠.
두주불사, 주종불사(酒種不辭)를 하다 보면 다음날 팔불출 동생 두문불출하게 될 수 있습니다.

술을 마시다가 인사불성이 되어서는 안되겠지요?
정신일도 하사불성(精神一到 何事不成)
정신을 한곳으로 하면 무슨 일인들 이루어지지 않으랴.
정신일도 인사불성(精神一度 人事不省)
정신이 1° 비뚤어지면 인사불성이 된다.

그런데 '인사불성' 건배사가 있네요.

인...간만사
사...랑하면
불...가능도
성...사된다

지나친 음주는 자랑거리가 못되지만 기분 좋게 마시는 방법이 하나 있습니다.
그게 바로 '두주불사(頭酒不辭)'
즉, 머리에 이고 권하는 술은 절대로 사양하지 못한다.

정답 : 스위스 팥(스윗 스팟)
국회의원이 퉁국식을 좋아하는 이유는?

Fun & Joke

인심은 후한데 사탕은 박하네

포도주와 포도주스의 차이점을 아시나요?
네. 포도주는 단수이고 포도주스는 복수랍니다.
그럼 박하와 박하's도 단수와 복수일까요?
박카스의 원뜻은 (기분을) 바꼈어?
절도범과 도둑놈의 차이는
절도범은 남녀 모두 해당되지만 도둑놈은 남자만 해당되죠.

'미리내' 라는 이름이 아름다운 식당이 있는데, '은하수' 라는 의미인 줄 알았는데 '선불내라'는 뜻이라는 믿거나 말거나 한 얘기.

미리내에서 잘먹고 나오다가 카운터에 놓인 박하사탕을 집으며 선달이 하는 말,
"인심은 후한데 사탕은 박하네!"

높은 것
금감원보다 높은 곳은 금감위원
연구원보다 높은 것은 연구위원
도지사보다 높은 직책은 지사장
그럼, 경기고보다 높은 학교는 경기상고?

웃음은 그 자체로 건강하다. - 도리스 레싱 -

Fun & Joke

오빠 강남스타일

싸이가 지배하는 세상을 뭐라고 하는 줄 아세요?
당연히 '싸이판' 이지요.
예전에는 이를 '싸이 월드' 라고 불리웠고요.

싸이의 성공비결은 스스로를 낮추는 자세라고 하더군요.
PSY, 싸이
우리말로 번역하면 '또라이' 로 쓰기도 해요.

스스로를 낮춰 높이 오른 싸이.
군대 두 번 불려 갔다 왔어도 낮은 출연료의 군대공연에 가장 열심인 싸이, 그래서 국방부가 가장 좋아하는 가수이기도 합니다.
'학생들이 무슨 돈이 있느냐' 며 출연료에 연연하지 않고 행사장을 광란의 도가니로 만들며, '필' 을 받으면 노랫말처럼 갈 때까지 가서 새벽까지 콘서트를 이어 가기도 한답니다.

정답 : 삼선짜장면, 삼선짬뽕이 있기 때문
싸이의 공연에는 모두가 일어선다. 일본이 한국보다 골프를 못치는 이유는?

싸이의 어록을 보면
dressed classy, danced cheesy
옷은 부티나게, 춤은 싼티나게!

강남스타일로 국격을 높이며 10억뷰 이상을 기록했던 싸이.
신곡 젠틀맨으로 빌보드 핫 100 · 유투브 1위라는 걸 모두들
알랑가 몰라.

선달은 강남스타일로 건배사를 만들어 강의에 활용하고 있다고.
강... 인하고
남... 배려 잘하고
스... 마트하고
타... 의 모범이 되는
일... 군 바로 여러분!

언니는 아줌마스타일
수건을 몸에 두르면 아가씨, 머리에 두르면 아줌마
미장원에서 예쁘게 해 달라고 하면 아가씨, 오래가게 해 달라고 하면 아줌마
다리를 꼬고 앉으면 아가씨, 한쪽 다리를 접어 얹으면 아줌마
하이힐 신고 잘 뛰면 아가씨, 운동화 신고도 못 뛰면 아줌마
운전할 때 선글라스 끼면 아가씨, 흰장갑을 끼고 챙모자 쓰면 아줌마

명예롭지 못한 권력 다음으로 이 세상에서 가장 위험한 것은 유머 없는 권력이다. - E.S. -

Fun & Joke

주경야독

대낮에 폭탄주를 과하게 마시면 운전도 못하고
오후 근무에도 지장을 주기 마련입니다.
그래서 대낮에 과한 술을 사양하는 용어가 생겼대요.
주경야독(晝經夜讀) 사촌 주경야독(晝輕夜毒)!
낮에는 가볍게, 밤에는 독하게!
그런데 어떤 이는 주경야동(晝經夜動) 한다고 해요.
우리나라 남자들이 가장 많이 본 야동제목이 '한오백년' 이라나
뭐라나.

이를 한자로 증명해 보면.
우선 酒(술 주)자를 파자(破字)해 보면,
酒 = 水(물 수) + 酉(닭 유)
즉, 알코올은 유시(酉時 = 5 ~ 7시) 이후 해가 빠지고 나서 마셔야 한다.

주당들은 술(戌, 개 술)은 술시(戌時 = 7 ~ 9 시)에 마셔야 하고,
그래서 술에 취해 개처럼 행동하지 말라는 경고도 내포되어 있다고
한다.
허구한 날 '술에 취하지 않고는 집에 갈 수 없다(不醉不歸)' 며 술을
권해서야 되겠습니까?

Tip 맥주(麥酒)의 酒(술 주)와 소주(燒酎)의 酎(진한술 주)의 한자가 다르다는 사실, 물론 아시겠지요.

정답 : 일어 서기 때문

LA공연을 앞둔 가수 비를 'LA갈 비'라고 하면, 부산공연을 앞둔 메기병장은?

또한, 酎(진한술 주)자를 파자해 보면,
酎 = 酉(닭 유) + 寸(마디 촌)
즉, 술은 닭이 물을 마시듯 마디를 내어 마셔야 하고, 원 샷 하지 말라는 의미가.
골프도 파3, 파4, 파5로 잘라 가듯.
너무 잘라 가면 들었다 놓았다 하는 역도 선수로 오인 받을 수 있습니다.

일주일에 4일만 술을 마신다는 주사파는 요일별 술도 정해져 있다고...
월요일은 월매(月梅),
화요일은 화요(火堯),
수요일은 매화 수(秀),
금요일은 금복주.

주당들은 간이 배 밖에 나와 있어 간에는 탈이 없다고 한다지요.

원샷 건배사

사랑과 우정 이 잔에 담아 다같이 원샷(사이다)
오는 잔 바로바로 마시자(오바마)
'어명이요' 하면 '원샷'
들면 술잔, 놓으면 빈잔
'이브' 하면 '몽땅' 하며 입에 몽땅 부어 넣는다. 원샷!
북한에는 '쭈~욱' 하면 '냅시다'로 원샷!
어느 지방에서는 위(上), 하(下), 여('여차'는 '넣자'의 사투리)
하면서 원샷을 때리기도 한답니다.

유머는 한줄기 시원한 여름 소나기처럼 대지와 대기, 그리고 당신을 모르는 사이에 정화시켜 준다. – 랭스턴 휴스 –

Fun & Joke

청주 안주가 대구

종각 한일관 뒷골목에는 '충청도집' 이란 한정식 집이 있습니다.
그곳에는 방이 세 개 있고 마당에 별채가 있어 원두막이라 부르죠.
봄이면 문을 열고 마당에 핀 꽃을 보며 시를 한 수 읊으니 술맛이 절로 난다나요.

그런데 도시화에 밀려 현대계동사옥 뒷편으로 떠밀려 나갔어요.
'Out of sight, Out of mind' 라고.
일주일이 멀다 하고 다니던 곳을 후배의 초대로 참석했는데 그 장소가 바로 '충청도집'

오랜만에 왔다고 간에 좋다는 올갱이 국물을 특별 서비스로 내놓는 사장님. 그곳의 특징이 청주식 올갱이 요리입니다.
피부가 보송보송하고 나이를 곱게 잡수신 여사장이 한 번씩 방문하는데 입담이 장난이 아닌 거 있죠?
어쩌면 건강의 비결인지 모르겠다 싶어 물어보았습니다.
"사장님, 올갱이가 어디에 좋아요?"
"글쎄 지방간에 좋다는데, 서울간에도 좋겠지, 뭐."
게다가 한마디 더 붙인 말은,
"대구 사람 열 명 있어도 청주 사람 한 명 못 당해유.
청주 안주가 대구니까"
그러자 동석한 충청도 양반 기세등등하게 한 말씀 하시다.
"워따 대구 까불어!"

정답 : 부산갈 매기
술집, 가게, 외과, 일본내각에 공통으로 있는 것은?

Fun & Joke

다락방

多樂房
【ROCK】

서초동 어느 카페의 이름을 장소와 분위기에 어울리는 '다락방' 으로 바꿀 것을 추천했다.
'다락방(多樂房)'
즐거움이 가득한 방.
락(樂)을 락(ROCK)으로 덧붙이니 음악이 있어 더욱 흥겨워지는 분위기다.
아참, 온더락(On the Rock)도 되는 집이군요.

그 후 어느 교회 구역모임 이름이 '다락방' 으로 변했다는 후문.

시청주변 사계(四季)라는 카페에 도연명의 '사계' 라는 시를 걸게 하고, 비발디의 '사계' 를 틀게 하였듯이,
다락방에는 '논두렁 밭두렁' 의 다락방을 틀게 한 것은 일맥상통.

남녀의 차이
여자는 고음인 남자보다 중저음인 남자를 좋아한다.
남자는 고음보다 중저음보다 예쁜여자를 좋아한다.
여자는 말이 없이 조용한 남자보다 유머있는 남자를 좋아한다.
남자는 말이 없고 조용한 여자보다 유머있는 여자보다 예쁜 여자를 좋아한다.

유머란 깊이 있는 관찰 결과를 다정하게 전달하는 방법이다. – 리오 로스튼 –

Fun & Joke

장어와 정구지

한여름 찜통더위를 극복하기에는 장어가 최고!
장어를 한자로 鰻(만)자를 쓰는데,
이 한자를 파자(破字)해 보면,
魚(고기 어) + 日(날 일) + 四(넉 사) + 又(또 우)
즉, 하루에 네 번 먹고(?)도 또 먹고 싶어지는 물고기
그만큼 정력에 좋다는 이야기겠지요.

그런데 장어요리는 부추에 싸서 먹어야 제맛이 난다고 하는데,
부추를 사투리로 '정구지' 라고 하지요.
한자로는 천연정력제 정구지(精久持),
다시 말해 정력을 오래 지속시킨다는 의미가 내포되어 있군요.

'못물(처음 캔) 정구지는 피가 한 사발' 이라고 하여 정력에 가장 좋다는 초벌 정구지는 맏아들 주려고 사위에게도 안준다고 하지요.
그런데 '신화창조' 뉴스타 부동산그룹 남문기 회장께서는 그 힘이 **정**월에서 **구**월까지 **지**속된다고 하네요.

의사들이 권장하는 정력에 가장 좋은 스포츠는
정구(tennis)지?

정답 : 외상
까마귀가 정력식품인 이유는?

Fun & Joke

헛개

약주와 관련된 의료상식 하나 알려드릴게요.
우선, 한산소곡주나 담근술은 달짝지근해서 마실 때는 부드럽지만 취해서 일어나지 못한다고 해서 앉은뱅이 술이라 불리지요.
특히나 죽순주는 마셔서는 안된다고 해요.
왜냐구요?
일어날 때 '죽쑨다' 고 해서요.

숙취를 제거하는 해장으로 무엇을 드시나요?
해장국 드실 때 들깨가루를 뿌리시면 안됩니다.
왜냐면, 술이 덜 깨!
사리도 넣으면 안되요.
살이 쪄요.

식초도 금물이래요.
초 치니까요.
후추도 뿌려서도 안된대요.
쳐 먹어야 하니까요.

물은 각자 마셔야 하지요.
남에게 물을 먹여서야 되겠습니까?
식사 후 헛개를 마셔도 안된답니다.
헛~개 보여요.

어떤 교향악단도 강아지를 보고 웃는 두 살짜리 어린애의 웃음소리와 같은 음악을 연주해 내지는 못했다. - 번 윌리엄스 -

Fun & Joke

해가 떠도 십자가 달이 떠도 십자가

성경이 모두 몇 권으로 되어 있지요?
저는 이렇게 외웠습니다.
3×9=27, 즉, 구약은 39권, 신약은 27권, 합이 66권이랍니다.

조선시대 종교는 뭘까요?
학교에서 조선시대 종교는 유·불·선이라고 배워 왔었죠.
즉, 유교(儒敎), 불교(佛敎), 선교(仙敎)라고 말입니다.

그런데 조선시대 종교가 기독교가 아닐까 라는 새로운 학설이...
신미양요와 병인양요를 겪으면서 종교도 그 영향을 받았다는 새로운 설을 증명하기 위하여 조선(朝鮮)이라는 한자를 분석해 봅니다.
朝 = 十 + 日 + 十 + 月, 해가 떠도 십자가, 달이 떠도 십자가
鮮 = 魚 + 羊 고기 어(魚)자와 양 양(羊)자는 기독교인을 상징.

절 만(卍)자를 펴면 십자가(十)가 되고,
목탁이 물고기와 닮은 것을 보니 종교도 비슷한 맥락.

Tip 익투스(ICHTHUS, icquV)는 헬라어로 '예수 그리스도 하나님의 아들 구원자'인 'Iesous CHristos Theou HUios Solter'의 머리글자를 딴 글자로 '물고기'를 상징함.

정답 : 까마귀 고기를 먹으면 금새 하고 까맣게 잊고 또 한다고.
설교 못하는 목사, 기량이 떨어지는 3류 조각가, 독신할머니의 공통점은?

Fun & Joke

PGA

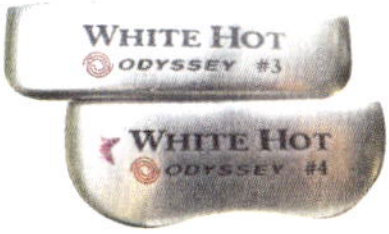

세계보건기구(WHO)에서 인증한 퍼터가 있다고 하는데 바로 WHO(White Hot Odissey)!
오디세이 퍼터
오디세이(odissey)를 거꾸로 하면 'yes sido',
즉, 퍼팅을 '시도' 하면 'yes'?
어떤이는 배꼽위로 올라오는 벨리퍼트만 쓴다고 하더군요.
한 클럽내 OK(컨시드) 달라고.

골프용품 이름을 풀어 보면,
'잭시오(XXIO)'를 '21세기 파(O)'라고 하는 사람이 있다는데,
이는 '오직(OZIK)'을 '21세기 OK'라는 것과 같은 맥락으로.

프로기어의 브랜드인 PRGR은 혹시 '프로그램'의 약자는 아니었을까?
파인리조트 골프라운드(Pine Resort Golf Round)도 PRGR이네요.
Romance Of Texas Cowboy나 로마 올림픽 테니스 챔피언도 ROTC(Reserve Officers Training Corps)?

PGA 양대산맥은,
Play Golf Anytime(전천후 골프)과 Pyungil Golf Association (평일골프협회)가 있는데, 지난해 장마철 이후 또 하나 생겼다고 한다.
공치러 갔다가 비가 오면 공(?) 치는 날,
그래서 생긴 PGA가 바로
Play Godori Anytime(동양화연구소).

한 사회의 자유는 그 사회의 웃음의 양과 비례한다. – 제로 모스텔 –

Fun & Joke

앞뒤가 똑같아

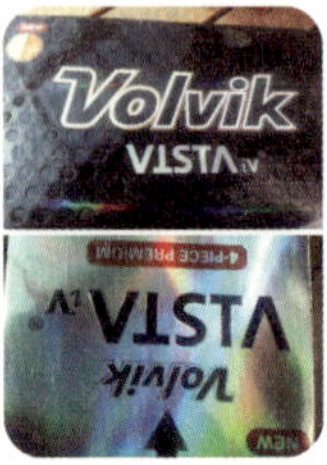

'세상에는 닮고 닮은 사람들이 너무나 많아' 라는 노랫말이 있죠.
국내 칼라볼 대표브랜드 볼빅의 브랜드 'VISTA' 를 자세히 보면, 거꾸로 보아도 VISTA라는 것을 발견할 수 있어요.
정말 비스타(?)지요.
그럼 BA(Byond Asia) VISTA도 같은 맥락일까.
비스타가 '**비**거리가 늘고, **스**마트한 스핀, **타**구감이 좋은' 이란 뜻!

'전망이 좋은 곳' 을 뜻하는 VISTA인 BA비스타45(구. 백암CC)의 유명한 과일 세 가지가 있다는데 뭘까요?
배, 감, 모과입니다.
아, 백암이 배, 감(?)으로 나누어지고, 모가면에 소재하고 있네요.

예로부터 베풀며 살라고 해서 배 선물을 많이 한다지요.
골프는 감을 잡는 것이 중요하다고 감을 선물하는군요.
모가면에 있어 모과가 유명한데 모가 문제인가요?

조령모개
오미자로 유명한 문경새재에 가 보셨지요?
'새재' 를 한자로 '조령(鳥嶺)' 이라고 하는데
4대강을 하면서 모과의 방언인 모개가 새로 유명해졌는데요.
그 모개가 바로 조령모개랍니다.

정답 : 영감이 없다
SNS를 한글로 하면?

앞 뒤가 똑같은 전화번호 1577-1577이 대박이다.
선달과 같이 태어난 '크라운산도 1961' 도 아래 위가 같네요.

그 밖에도 앞뒤가 똑같은 재미있는 말이 많습니다.
볼빅볼
열정 김정열
다들 잠들다
아 좋다 좋아
다 이심전심이다
자꾸만 꿈만 꾸자
다시 합창 합시다
색갈은 짙은 갈색
바로크는 크로바
다 이뿐이뿐이다
비아홀 옆 홀아비
여보 안경 안보여
여보게 저기 저게 보여
다 큰 도라지일지라도 큰다
대한총기공사 공기총 한 대
지방상인 정부미 부정인상 방지
madam I' m adam

이남이, 조항조, 조광조, 李효리, 이하이도 앞뒤 이름이 같네요.

Tip VISTA는 베트남(Vietnam), 인도네시아(Indonesia), 남아프리카공화국(South Africa), 터키(Turkey), 아르헨티나(Argentina)의 5개국 머리글자를 따서 만든 이머징마켓.

웃음소리는 울음소리보다 멀리 간다. - 히브리 격언 -

Fun & Joke

BMW

여러분들은 무슨 차를 타세요?
커피, 홍차, 녹차를 탄다고요?
그것도 물론 차긴 차네요.

주당으로 소문난 제 친구는 요즘 소백산맥을 즐긴다고 해요.
그러다 갑자기 개과천선하여 등산으로 취미를 바꾸었다 하더니,
소백산맥이 바로
소주 + 백세주 + 산사춘 그리고 맥주일 줄이야.
이 술을 모두 합치면 몇 도인 줄 알랑가.
바로 졸도!

외제차 중 가장 인기 있는 차가 BMW라고 하지요.
즉, 버스(**B**us)를 타고,
지하철(**M**etro)을 타고,
걸어 다닌다(**W**alking)?
요즈음은 버스 대신 자전거(**B**icycle)족도 많이 늘었지요.

그런데요. 주당인 아까 그 친구는 BMW를 여기저기 달고 다녀요.
그의 골프가방과 볼마커, 차, 라이타에도 그가 좋아하는 술 마크를
달고 다니네요.

정답 : 눈(한글자판으로 치면 GO는 해, GOD는 '햏')
커피잔 손잡이는 어느 쪽에 붙어 있을까요?

그 BMW가 뭔가 했더니 바로,
최고의 음료 BMW(Best Mineral Water)라고 자랑해요.
그 음료가 바로,
맥주(Beer), 막걸리(Makgeolli), 와인(Wine)이라고.
통신사 직원들이 막걸리를 좋아한다지요. 막 걸리라고요.

그런데, 이 BMW는 세상에서 가장 비싼 3조9천억원
이라고요?
에이, 아니죠. 차 번호랍니다.

그런데 야구(World Baseball Classic)를 좋아하는 다른 친
구는 WBC를 마신다고 하네요.
위스키(Whisky), 브랜디(Brandy), 칵테일(Cocktail).

그 친구는 MBA출신이라고 막 자랑하고 다녀요.
Management By Alchol.
즉, '사람관리는 술로써….'
어떤 사람은 MBA를 Married But Available이라고 하네요.

아들의 진로
고 3인 아들과 이런 저런 얘기를 하던 아버지가 물었다.
"아들아, 넌 진로를 어떻게 생각하고 있니?"
그러자 아들이 조심스럽게 대답했다.
"아버지, 그거 참이슬로 바뀐지 오래 됐잖아요."

스스로에 대해 그렇게 농담을 할수록 다른 사람들도 더 많이 웃게 되고,
그렇게 본인도 더 행복해지는 거란다. – 니콜 크라우스 '그레이트 하우스' 中 –

Fun & Joke

사이다

어떤 건배사를 좋아하세요?
저는 사이다를 가장 좋아합니다.

술이 약한 여성들을 위한 사이다.
사랑과 우정 **이** 잔에 담아 **다**같이 원샷.
단, 원샷은 원하는 만큼 드시는 겁니다.
술을 못 마시는 바둑황제 조훈현 국수의 전용 건배사이기도 하지요.

그런데 남편이 아내에게 사랑을 고백하는 부부동반용이 재미있더라고요.
사랑합니다 여보 **이** 생명 다 바쳐서 **다**시 태어나도 당신만을!
김빠진 사이다 버전도 있지요.
사랑합니다 여보 **이**만~큼(양팔 하트 모양) **다** 뻥이야!

강남300CC 인코스 4번 홀에 언덕이 있는데
그 언덕을 못 넘어가면 '아저씨',
넘어가면 '오빠'로 불리는데,
턱에 걸리면 '아빠'.
그렇담 OB가 나면 '할배'라고 불러야할까요.

태릉CC에 가면 언덕을 넘어가지 못하면 별 볼 일 없다(?)는 장군봉도 있지요.

정답 : 바깥뚝
우유를 절대 끊어서는 안된다는 뜻의 고사성어는?

하이트맥주에서 운영하는 '블루헤런CC' 에는 오비(OB)티가 없다고 하는데 믿어도 되겠지요.

강남300CC에는 생맥주 300cc만 판다죠.
이것이 바로 강남300스타일.

그래서 골프장(CC : Country Club)에서는 음료도 CC만 판다네요.
칠성사이다(**C**hilsung **C**ider)와 코카콜라(**C**oca **C**olar).

칠성사이다 병을 자세히 보면,
아래로 별이 일곱 개.
한자로 풀면 칠성(七星)이 되지요.
가로로는 줄이 네 개.
즉, 4이다.
그래서 칠성사이다.

그럼, 두산의 산소주는 산이 세 개 있어 산삼주?

고수 중수 하수
고수는 본 대로 가고, 중수는 친 대로 가고,
하수는 걱정한 대로 간다.
고수는 동반자를 얘기하고, 중수는 점수를 얘기하고,
하수는 드라이버를 얘기한다
공이 안 맞으면 고수는 연습장에 가고,
중수와 하수는 프로 샵으로 달려간다.

많이 웃는 사람은 행복하고, 많이 우는 사람은 불행하다. - 쇼팬하우어 -

Fun & Joke

롱기스트

여러분은 골프 클럽 중에서 어떤 것이 특기인가요?
드라이버가 장타시라고요?
캐디는 드라이버 멀리 날리는 남자보다 오비 내는 남자를 더 좋아한대요.
한 번 더 하니까요.

어느 장타대결을 하는데 이런 시상을 준비했답니다.
맨 꽁찌에게는, 꽁치 통조림
시상권에는 못 들었지만 나이에 비해 가장 젊은 김 사장에게는 감투상으로 감을 두 개 준비.
감 두 개(감 Two?)
2등 하신 김 사장에게는 김을 준비했어요.
김~(?)의 의미는 아시겠지요.

영예의 롱기스트에게는 참기름을 준비했어요.
가장 긴 음식재료가 '김' 보다 더 긴 '참기름' 이랍니다.
롱기스트 소감을 물었더니,
"제대로 잘 맞으면 300미터 날리는데, 아직까지 제대로 잘 맞은 적이 한 번도 없다"고 하시네요.
그의 골프 수준을 물어보니 보기플레이어라 하는데,
아마도 눈치보기 플레이어인 것 같아요.

정답 : 우유부단
시청에서 가장 먼 동네는?

90타 정도 친다고 해서 솔직한 타수를 물어보니,
핸디캡이 구, 십(9, 10) 정도라네요. 정말 겸손하네요.
농담 반 진담 반으로 80개 정도 친다고 하네요.
좀 더 자세히 알아보았더니, 연습장에서 한 시간에 한 바구니 80개.

선달은 삼백미터 날리는데 초고속 카메라로 자세히 들여다보면,
산 · 백 · 미터....즉, 산으로 100미터 날아가요.
재치있는 캐디는 300미터가 맞다고 하네요. 남은 거리로.
또한 위로 100미터, 아래로 100미터, 앞으로 100미터이면 300미터?

거만하게 쳐서도 안되고, 방만하게 쳐서도 안되는 것이 골프.
거리만 좋으면 '거만' 하게 친다고 하고,
방향만 좋으면 '방만' 하게 친다고 하지요.
그런데, 거리는 맞는데 방향이 맞지 않은 퍼트를
'기장은 맞는데 품이 안맞다' 고 한다지요.

정상그린 보다 가까운 남의 그린을 '처제 그린',
정상 보다 먼 남의 그린을 '처형 그린' 이라고 한다지요.
누가 말했던가? 방향이 제어되지 않는 장타는 재앙이라고.
그래서 방향성이 좋아지는 음료 '방향제' 를 내면 히트 칠까요?

내기하는 사람들은 장타자와 상대하기가 가장 쉽답니다.
홈런타자가 삼진이 많듯 장타자는 오비가 많으니까.
가장 무서운 상대는 덕장도 지장도 아닌 운짱이랍니다.
요즈음은 운칠복삼(運七福三)이니까요.
고스톱에서는 타자(打者)도 못이기는 운짱보다 무서운 상대가 바로
'가리(借)하는 넘' 이랍니다.

정력의 근원은 웃음이다. – 피카소 –

Fun & Joke

MVP

선달이가 모자를 많이 준비하는 이유는 뭘까요?
원래 좀 모자라는 놈이라서.
아니 많이 모자라는 놈이라서.

영예의 MVP상이 있는데, MVP가 뭔지 아세요?
MVP는 Most Valuable Playboy도
Most Valuable Player도 아닌
Mission **V**ision **P**assion을 가진 분에게 드리지요.
주로 **M**ountain, **V**alley, **P**esimon코스를 도는 선달도 MVP?

그린 자켓 대신 타이틀리스트 그린색 모자를 선물하곤 해요.
통도 크네요. 시상금으로 전국민이 1원씩 모은 5천만원 다발.
절대(?) 저금통이 아닙니다.

MVP

MVP는 MOM(Man of the match)을 쓰기도 하는데,
MVP는 주로 우승팀에서 나오지만
2002년 한 · 일 월드컵에는 준우승팀 독일의 올리버 칸,
2006년 독일 월드컵에는 준우승팀인 프랑스의 지네딘 지단,
2010년 남아공 월드컵에는 4위팀인 우루과이의 디에고 포를란
이 수상한 바 있다.

정답 : 만리동
한국바둑계에서 남자들도 상대하기 어려운 중국출신 루이나이웨이 9단에게
국민만화가 이현세 교수가 붙인 별명은?

부상으로 죽염 선물세트도 준비합니다.
끝내 죽이염?

초상집에는 장사(?)가 최고의 족보, 고등학교 행사에는 고등어가 최고.
그래서 고교행사에는 고등어 선물 세트를 준비한답니다.

모자 옆에 붙어 있는 FJ는 무슨 뜻?
세계골퍼 60%가 신는 FJ(Foot Joy)
한국골퍼 60%가 읽는 FJ(Fun & Joke)

그럼 파란 모자는 뭘까요?
버디해서 기죽이지 말고 파(par)란걸 하라는 말씀.
검은 모자는,
금은보화가 가득하라는 얘기겠죠.

노스페이스는?
겨울에 바람이 들어갈 틈이 없다는 의미로 노스페이스(No Space)?
바빠서 쉴 틈이 없다는 얘기도 되겠지요?

필라는 왜 준비했을까요?
운세가 활짝 필라.

골프를 칠 때 빨리 받아야 하는 세 가지.
오케이, 멀리간
그리고 개평, 일명 뽀찌라고도 하지요.

유머는 쉽고, 재미있고, 유익하며, 감동적이어야 한다.
그렇지 못하면 자칫 우스운 사람이 되고 만다.

Fun & Joke

낙장불입

결혼, 이혼, 재혼은 어떤 시기에 하는 걸까요?
결혼은 판단력이 부족할 때, 이혼은 인내력이 부족할 때, 재혼은 기억력이 부족할 때 한다 그러죠.
남자는 지쳐서 결혼하고, 여자는 호기심으로 결혼한다고도 해요.

이런 말도 있어요.
바다에 나갈 때는 한 번 기도하고, 전쟁에 나갈 때는 두 번 기도하고, 결혼할 때는 세 번 기도하라.

재혼하는 친구가 전문가에게서 청첩장 문구에 대한 아이디어를 얻었는데, 청첩장 마지막 줄에 이런 글귀를 넣었다는 후문.
'우천시에도 강행합니다'

사회자 멘트는 이렇게 준비한다네요.
'초혼 때 부조하신 분은 접수받지 않습니다'
하객들의 웃음소리를 듣고 나서 다시 이렇게 말한다지요.
'그러나 낙장불입입니다'
또한, 청첩장에 행운번호를 넣어 하객들을 끝까지 남도록 한다나요.

'숭구리당당 숭당당' 개그맨 김정렬은 명함 대신 주민등록증, 면허증 등을 내밉니다.
물론, 선달의 '낙장불입' 이라는 말에 꼬리를 감추었지만.

정답 : 공포의 외인 9단
멀미약은 귀미테, 피임약은 져미테, 변비약은 뚜미테, 무좀약은?

Fun & Joke

B·O·B

세 가지 소중한 금이 뭔지 아세요?
황금, 소금, 그리고 지금이랍니다.
그래서 '지금'을 '선물(Present)'이라고 하지요.
어떤 이는 3금을 '방금 와서, 현금 내고, 슬금슬금 나가 버리는 반가운 손님'이라고 하기도 하데요.

여러분은 주로 어떤 선물을 많이 하시나요?
선달의 선물에는 스토리가 있습니다.
공을 선물할 때 사람에게는 공을 들여야 한다고 하지요.
공도 골라서 드린대요.
1번 공은 1등 하라고.
2번 공은 이븐(?)파 하라고.
3번 공은 3오버만 하라고.
4번 공 '자랑스런 사위(四位)'는 항상 선달의 몫.

오늘은 스폰지 밥(BOB)을 준비했어요. 당신은 나의 밥이니까요.
선생님이 왜 제 밥이냐고요?
제 인생의 최고,
즉, BOB(Best Of the Best)이라는 말이예요.

선달이가 초대받은 한국정보기술연구원의 차세대 보안리더 양성 프로그램도 BOB(Best Of the Best)이랍니다.

웃길거라고 생각했는데 아무도 웃지 않는다고 자신을 폄하하는 것은 유머러스한 삶의 취약이다. - 앨런 클라인 -

Fun & Joke

식기반납

제가 법률 공부 좀 했다는 사실을 아시나요?
무슨 법이냐구요?
헌법보다 상위법인 주법입니다.

폭탄주를 마신 후 술잔을 제조자에게 돌려주는 것을 주법에서는 '식기반납' 이라 하는데 이것은 군법이 아닙니다.
경찰대학과 국방대학에서는 이를 '탄피반납' 이라 하고, 술을 따를 때도 '장약채워!' 라고 한다지요.

군에서는 SS-KK가 유행한대요.
시키면 시키는 대로(SS), 까라면 까라(KK).
군인정신이 투철할수록 '된 밥' 을 먹는 경우가 많아요.
장병들은 항상 복창을 해요.
"안되면 되~게 하라"

동사무소 건배사
동...료들을
사...랑함이
무...엇보다
소...중하다
동료대신에 동생, 동창, 동문, 동기 등으로 대체할 수 있다.

정답 : 맨밑에
추신수의 신시내티 응원단장에 어울리는 신신애가 입은 티셔츠는?

주법 2조 3항에 의하면 식기반납은 분위기가 식기(?) 전에 해야 합니다.

폭탄주는 두 잔 이후엔 말아 마실 수 있고, 스트레이트로 마실 수도 있다. 주법에서는 이를
말래? 말~래?
그런데 세 잔째부터는 마셔도 좋고 그만 마셔도 좋다. 이 또한
마실래? 마~실래?

술잔을 남에게 권하다가 상대를 바꿀수가 없답니다.
'낙장불입' 사촌 '낙잔불입'.

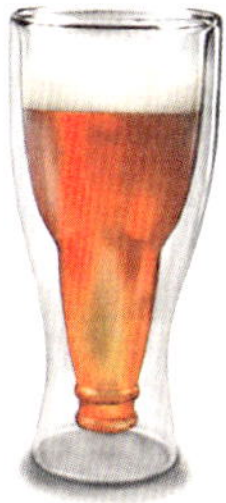

공무원이 가장 싫어하는 소리는 '옷 벗어라' 인데
술집 주인이 가장 싫어하는 소리는,
'마지막 잔 들고 나가자'

식기는 반드시 반납하고 나가야 합니다.

초보 공무원
순진한 친구가 공무원 시험에 합격하여 동사무소에 첫 출근을 한 날이었다.
점심시간에 혼자 동사무소를 지키고 있는데 한 아주머니가 왔다.
아주머니 : 저기 사망신고하러 왔는데요.
초보 공무원 : (처음 대하는 고객이라 긴장하여) 본인이세요?
아주머니 : (조금 당황하며 잠시 생각하더니) 본인이 와야 하나요?

가장 큰 행복은 한 해의 마지막에서 지난해 처음보다 훨씬 나아진 자신을 느끼는 것이다. – 톨스토이 –

Fun & Joke

오리무동

오리요리 좋아하세요?
후배들이 한턱 쏘라고 하면 꼭 오리고기를 사 주세요.
예로부터 '덕(德 = 悳)을 베풀어라' 는 말이 있잖아요.
그러니 오리로 한턱 내면 덕(DUCK)을 베푸는 것이지요.
이를 오리협회에 카피로 제안한 적이 있는데,
그동안 '덕분(Duck分)입니다' 라고 사용해 왔다고 하더군요.
한자로 풀이해 보면,
悳(큰 덕) = 直(곧을 직) + 心(마음 심) + 行(행할 행)
즉, 곧은 마음과 행동이 바로 덕을 베푸는 것이다.

누가 그랬던가요
쇠고기는 돈 주며 먹으라 하면 먹고,
돼지고기는 공짜로 주면 먹고,
닭고기는 돈 주고 사서 먹고,
오리고기는 훔쳐서라도 먹으라고.

'오리에는 중금속이 없다' 는 말을 '오리무중' 이라고 한대요.
오리고기는 불포화 지방산이 풍부한 보양식이기 때문이죠.

정답 : 신시내티
하품을 잘못하면 인격이 하품이 되듯, 쇼핑 몰 행사에서 지각해서는 안되는 이유?

Fun & Joke

암

우리나라 암발명 사망률이 OECD국가 중 최고수준이라고 하지요.
여러분 주변에도 많은 암환자를 볼 수가 있죠.
최근에는 좋은 약이 많이 개발되어 완치율이 높다고 하는데,
그래도 암에 걸리지 않도록 예방하는 것이 최선이지요.
엔돌핀의 4,000배 효과를 지닌 다이돌핀으로 암을 예방합시다.

암(癌)이란 한자를 분석해 보면,
病 + 口 + 口 + 口 + 山 으로 구성되어 있다.
즉, 암이란 삼식 세 끼 밥을 먹는 습관에서 오는데 예방하려면 산에 가야 한다.
어떤 이는 삼식 세 끼를 산처럼 먹으면 암이 온다고 하기도 한다.

눈높이 골프와 입담

보기 플레이어인 대기업 임원이 회장과 라운드를 했는데,
그날따라 싱글을 기록했다.
회장님은 분기탱천하여 이렇게 얘기했다.
"자네, 일은 안 하고 골프만 쳤나봐"
임원은 순간적 재치로 이렇게 대답했다.
"회장님, 제가 회장님 앞에서 감히 어깨에 힘을 주겠습니까? 고개를 들겠습니까? 그러니 자연히 공이 똑바로 굴러 갈 수 밖에 없었습니다."
그러자 회장님은 금새 얼굴이 밝아졌다.

아침에 일어나자마자 웃는 웃음은 보약 10첩보다 낫다. - 동의보감 -

Fun & Joke

왕자 지물포

혹 띄어쓰기를 잘못하다 실수한 적 없나요?
띄어쓰기를 잘못하면 더러 낭패보는 경우가 많아요.

몇 가지 예를 들면,
아빠가 생일선물로 회 사줌 vs 아빠가 생일선물로 회사 줌
무지개 같은 사장님 vs 무지 개같은 사장님
게임하는데 자꾸만 져요 vs 게임하는데 자꾸 만져요
저 아저씨 아기가 졌어요 vs 저 아저씨 아기 가졌어요
○○시 체육회 vs ○○시체 육회
○○시 장애인 복지관 vs ○○시장 애인 복지관
부활의 사랑하면 할수록 vs 부활 의사랑 하면할수록
엄마 새끼손가락은 유난히 작다 vs 엄마새끼 손가락은 유난히 작다
나는야 한 여자가 좋다 vs 나는 야한 여자가 좋다
설마, '왕자 지물포' 를 잘못 읽는 것은 아니겠지요?

의리 좋은 친구들

남편 귀가시간이 매일 늦어지는 것에 의심을 품은 아내가
남편의 친한 다섯 친구에게 문자를 보냈다.
남편이 아직 돌아오지 않았는데 혹 댁에 있는지요.
회신 바랍니다. 늦은 밤 똑같은 다섯 통의 회신이 왔다.
"우리 집에 와 있음. 걱정하지 마세요."

정답 : 몰지각하니까
'그 아이의 이름이 가(賈)氏인가' 를 다섯 글자로 하면?

Fun & Joke

사바사바

일본어를 보면 우리말과 비슷하고 재미있는 단어들이 많아요.
우리말이 일본으로 건너갔다는 말에 일리가 있더군요.
고등어는 '사바', 삼치는 '사와라', 도토리는 '동구리', 기와장은 '가와라' 등
그래서 '사바사바'가 고등어 두 마리로 로비를 하는 게 아닌가 하는 우스개 소리도 나왔습니다.

일본에는 '사바요미(鯖讀 : 청어 세기)'란 말이 있는데 '수량을 속여 이익을 취한다.'는 뜻이죠.
고등어는 한꺼번에 많이 잡히고 쉽게 상하기 때문에 어시장에서 눈으로 볼 수 없을 만큼 빠른 속도로 세었는데 너무 빨라서 나중에 세어 보면 숫자가 맞지 않았기 때문에 생겨난 말이랍니다.
'어떤 목적을 위하여 떳떳하지 못한 방법으로 하는 교섭 행위'를 뜻하는 '사바사바'는 거기에서 유래된 것.

가곡 '그네(?)'에 나오는 '사바가 발 아래라'의 사바(娑婆)와는 무관함

Tip 고등어, 정어리, 꽁치, 청어와 같이 계절적으로 해류를 따라 무리를 이루어 이동하는 물고기는 등이 푸르고 배가 은백색인 '등 푸른 생선'이 대부분이고, 등 푸른 생선의 대표주자가 고등어이다. 그래서 일본에서는 물고기에 푸를 청을 붙여 '사바(鯖)'라고 부른다.

사람의 성격이 가장 잘 나타날 때는 마주 대하여 말하고, 듣고 웃을 때이다.
－괴테－

Fun & Joke

5장6부

여러분들은 골프 치실 때 내기를 하시나요?
저는 내기를 하지 않습니다.
왜냐고요?
'내기' 를 하지 않고 항상 '받기' 만 하니까요. 썰렁했나요?
음악계의 대부와 첫 라운드를 했는데, 전반전에는 탐색을 하고 후반전엔 "오장(5천원, 1만원)은 해야지" 그러면서 6부는 돌려주자는 제안을 했다.
그런데 안 돌려주면 어떡하냐는 말에 내놓은 답변.
"그럼 5장6부가 틀어지지요."
선달은 뽑기를 할 때 기부금(?)을 징수하여 지참금(?)의 70% 원금 보장형 파생상품으로 운영한답니다.

졸업 30주년

학교 기념행사에 갔다. 나이 50이 넘으니 누가 학생이고 누가 선생인지 모를 때가 있다.
술을 한잔 거나하게 마시고 여흥시간 화장실에 갔다.
나이 좀 들어 보이는 안면있는 사람에게 등을 툭 치며 말했다.
"야, 너 왜 이렇게 파싹 늙었냐?"
옆에 있던 친구가 선생님이라고 귀띔을 해 줬다.
이 친구 다시 선생님께 말했다.
"야! 너 선생한다며?"

정답 : 가가 가가가
SBS 김정택 단장이 미아리에서 예술단장의 꿈을 키우며 즐겨 부르던 노래는?

대구에서 50년대생끼리 서로 자기가 최고라고 입씨름을 했다는데요.
50년생 아우님들! 대구를 지키는 군대가 몇 사단이죠?... 50사단.
51년생 오일달러 몰라? 그렇지 oil은 51이지. good-oil(구도일)!
52년생 오이가 몸에 좋은 것 알지? 오이가 52구먼.
53년생 대구 지역번호가 몇 번인가? 053 맞네.
54년생 족보도 몰라? 가보(9)가 제일 높구먼.
55년생 5땡보다 높은 분 나와 보시라. 5땡이 최고로 높아.
56년생 형님들, 다들 56을 한 끗으로 알고 계시는 모양이군요.
부산에는 오륙(56)도가 있고, 몸에는 5장6부가 있고,
세계는 5대양 6대주가 있다는 말씀.

황영조 감독이 더욱 국제적인 것은 56년만에
마라톤 금메달을 땄기 때문이라고.
그런 뜻에서 황 감독의 어프로치를 한다면
주로 56°를 쓰면 좋겠네요.
이승엽의 아시아 신기록 홈런도 56개.

대한항공의 전화번호 2656-0000은 이륙(26)하라 5대양 6대주로!

대구 5대 신흥명문고(?)

가장 전통있는 학교는? 대구공고(全 대통령)
가장 뼈대있는 학교는? 사대부고(사대부 고등학교)
가장 계급 높은 학교는? 오성고(★★★★★)
핸드볼 명문 학교는? 영신고(송구영신)
가장 인기있는 학교는? 대구상고(선망의 대상)

아침에 눈을 뜨면 무엇보다도 먼저 '오늘은 한 사람에게만이라도 기쁨을 주어야 되겠다' 라는 생각으로 하루를 시작하라. - 니체 -

Fun & Joke

58개띠

걸핏하면 58년 개띠가 왜 자주 등장하는지 아는가요?
53년 종전 후 베이비 붐 세대 절정기가 58년 개띠해인데,
그해 110만 명이 출생했다네요. 앞뒤 해에 80만 명 정도 출생에 비하면 엄청난 숫자지요.
초등학교에 입학해서는 콩나물시루처럼 꽉 찬 교실에서 2부제 수업을 해야 했고,
이들이 중학교에 들어가기 2년 전인 56년생부터 소위 뺑뺑이 세대가 된 것이고요.

고등학교 본고사를 막 준비하던 중학교 3학년 초에 고등학교도 연합고사제가 되었답니다.
당시 예비고사와 본고사를 역대 가장 높은 경쟁률로 치르고, 77학번으로 진학하기도 했는데, 이 연배들이 결혼할 당시인 80년대 중 · 후반에 이들 신혼부부들의 주거지를 위해 분당, 일산 신도시가 형성되었지요.

말로

Change(체인지)를 체인지(體仁知)로 만든 브리꼴레르 유영만 교수의 주장은
생각의 발로(發路)는 '발로' 뛰는 것이며,
생각의 말로(末路)는 '말로' 만 하는 것이다.

정답 : 단장의 미아리 고개
의사들이 수술할 때 마스크를 끼는 이유는?

1980년 5·18 광주 민주화 운동, 1987년 6월 항쟁의 주역이었고
또한, IMF 외환위기를 맨 먼저 겪기도 했고요.
최근 퇴직시기를 맞자 '정년연장법' 수혜와 탈락으로 나뉘면서
또 한 번 인구에 회자되고 있는 실정입니다.

동병상련이라고 할까요.
유달리 무술(戊戌)생들을 58개띠라고 하며 처음 만나서도 오랜
지기처럼 말을 트고 지내게 되는 사이가 되나 봅니다.

증권가에서는 P회장, J사장 등 58년 개띠가 두각을 나타내고 있기도
한데,
분석해 본 결과, 주식투자를 하려면 58(오팔) 내야 하기 때문이 아닌가
싶습니다.
59년생이면서 58개띠와 같이 학교에 다닌 동기를 '저팔개띠' 라고
한다네요.

쌍팔년은 1988년이 아닌 단기4288년을 말합니다.
흔히 말하는 '호랑이 담배 피우던 시절' 과 비견한 표현으로 생각하면
됩니다. 단기 4288년은 서기 1955년 양의 해입니다.
따라서, 쌍팔년 개띠는 잘못된 용어입니다.

구구단은 참 쉬워

이일은 싫어	이이는 율곡	이삼은 산삼
이사는 안 가	이오는 요쿠르트	이륙은 비행기
이칠리야	이팔청춘	이구아나

행복한 사람은 남을 행복하게 만들어 줄 수 있다.
남을 복되게 해주면 자신의 행복도 한층 더한 것이다. – 크림 –

Fun & Joke

무마도

옛날 말들이 많이 사는 섬에 금슬이 아주 좋은 한 쌍의 말이 있었다.
어느 날 병을 얻은 암말이 숨을 거두고 말았다.
조문하러 온 문상객들이 하나같이 입을 모았다.
"드릴 말이 없습니다."

세월이 지나 새로 얻은 암말의 친구들을 집으로 불러 집들이 파티를 가졌다.
새 마누라의 친구들을 곁눈으로 훔쳐보던 숫말,
"아, 하고 싶은 말은 많지만 차마 할 수가 없도다."

기력이 약한 숫말에 실망한 암말이 바람이 났다.
암말은 큰 사이즈의 기교없는 숫말을 찾았는데 하룻밤을 자고 나 실망하여 내뱉는 말,
"긴 말이 필요 없네."

어느 날 변강쇠 말을 만나고 만족을 하고 나서 하는 말.
"많은 말이 필요 없네."

그 이후 암말이 계속 바람을 피웠는데 숫말이 그 불륜현장을 덮쳤다.
숫말이 마누라의 정부 멱살을 쥐어잡고 이렇게 외쳤다.
"야, 이 새꺄, 내가 할 말을 왜 네가 해?!"

정답 : 실패하면 얼굴이 알려질까봐
간호사 중에서 가장 높은 간호사는 수간호사, 의사 중 가장 높은 의사는?

숫말의 친구들은 제 마누라 외에는 아무것도 모르는 이 숫말에게 충고했다.
"이 친구야, 자네는 한 말 또 하고 한 말 또 하고 그러는가."

그러자 순진한 숫말은 바람 피우는 친구들에게 이렇게 역공을 폈다.
"이 놈들아, 이 말했다 저 말했다 그러는 것 아냐."

그는 특히 유부녀와의 밀회를 즐기는 친구에게 특별히 당부했다.
"이봐, 남의 말 함부로 하는 거 아니야."

그러던 어느 날, 말나라에 그만 전쟁이 터졌다.
숫말들은 모두 전쟁터에 징발됐고, 암말들은 발정기가 다가왔을 때 욕정을 풀 길이 없었다.
문득 한 젊은 암말이 황소들 꼬셔서 한 번 해보는 게 어떠냐고 아이디어를 냈다.
그런데 생각보다 궁합이 잘 맞아서 암말들은 환호성을 질렀다.
"야, 말이 필요없네!"

하지만 웬걸. 그런 일이 있고 나서 몇 달 뒤 암말들의 배가 불러졌다.
임신을 한 것이다.
그런데 송아지를 낳게 되자 암말들의 탄식이 흘러나왔다.
"어, 말이 안 나오네."

그래서 이 섬에 그리도 많았던 말들은
한 마리도 남지 않게 되었고,
섬 이름도 무마도로 바뀌었다고 한다.

나는 나를 웃게 하는 사람들을 사랑한다.
웃음은 아마도 사람에게 가장 중요한 것이리라. - 오드리 햅번 -

Fun & Joke

동막골

일식 좋아하세요?
아내들은 일식군보다 무식님을 좋아한다는데, 저는 삼식을 다 챙겨 먹습니다.
아침에는 인디안밥, 점심에는 사또밥, 저녁에는 고래밥
집에서 하루 세 끼 챙겨 먹는 백수를 '삼식이 세 끼' 라고 한다는 말은 다 아시지요.

역삼동 부근 초밥(壽司)을 파는 일식집에는 경찰들이 쫙 깔려 있어요.
최수사, 이수사, 조수사, 김수사...
최불암 씨가 만약 일식집을 경영한다면 추천해 주고 싶은 이름은 '수사반장' 인데 여러분도 동의하시지요?

천당 가는 길

"만약 내가 집을 팔아서 그 돈을 몽땅 교회에 준다면 천당에 갈 수 있을까요?" 주일학교 선생님이 아이들에게 물었다.
"아니요!" 라고 아이들은 일제히 대답했다.
"만약 내가 매일같이 교회 청소를 한다면 천당에 가게 될까요?"
아이들의 대답은 역시 "아니요!" 였다.
"그렇다면 어떻게 해야 천당에 갈 수 있는 거죠?"
뒤에서 한 녀석이 소리쳤다.
"죽어야지요!"

정답 : 수의사

아파트의 평수와 자녀의 등수로 평가되는 것을 평등이라고 하는데,
갈비를 먹을까 등심을 먹을까 고민하면?

유머활용법 수사반장은
수집하라, **사**용하라, **반**응을 살펴라, **장**점을 찾아라!

잠실에 있는 어느 한정식.
푸짐한 밥상의 특징은 차려진 밥상이 식탁 위에 올려진 레일을 타고
그 모습 그대로 세팅된다는 것.
벽에는 동동주와 막걸리 메뉴표가 붙어 있는데 참새가 방앗간을
어찌 그냥 지나치랴.
선달이 주인을 불러 개선을 위한 원포인트 레슨을 했다.
골뱅이를 메뉴에 추가시켜 '동막골 특선' 으로 하면 어떨까요?
어떤 가게는 '동막골' 이름을 그대로 지어도 좋겠지만.

골프비거리는 뱅골프가 이만저만.
그래서 뱅골프(주)에 빽코 이홍렬을 모델로 제안했다.
물론, 핑골프에는 '눈물이 핑도네요 정말로...' 를 부른
현숙을 추천하면 좋을 듯!

어느 음식점의 '김밥을 포장해 드립니다' 에서 세 글자를 바꾸었더니
매출이 확 올랐다고 해요.
'김밥을 포장해 놓았습니다'

주유소에서 '얼마 넣어 드릴까요?' 가 아닌 '가득 채워 드릴까요?'
그렇게 말하면 훨씬 효과적일 듯.

말 한 마디가 세상을 바꿉니다.
Change the words
Change the world

행복은 우리 자신에게 달려 있다. - 아리스토 텔레스 -

Fun & Joke

무전유죄

손전화의 노예가 되어 있지 않나요?
문명의 이기로 인한 구속.
여러분은 과연 며칠을 살 수 있을 것 같은가요.

내기 골프를 하고 있던 김 사장이 어드레스를 하고 있는데 캐디가 무전을 치고 있다.
직전 슬라이스 홀에서 라이트(light)를 보고 치라고 했는데, 오른쪽(right)으로 쳐서 오비가 난 적이 있는 김 사장이 또 오비를 내고 말았다.
큰 내기가 걸려 있어 열받은 김 사장 소송을 제기했는데 캐디가 이렇게 항변했다.
"캐디가 무전을 쳐야만 여러분들이 식사를 할 수 있지요."
이것이 바로 무전취식(無電取食)!
그럼에도 불구하고 캐디의 죄가 성립되고 말았다.
죄목은 바로,
무전유죄(無電有罪).

그런데, 딴 돈이 없어서 버디 값을 못 주면 무전무죄(無錢無罪)!

Tip

명절 때 주부들의 무전기는 무죄!
며느리는 '무전기' **무**료로 **전** 붙이는 **기**계.
사위들은 '설운도'. **설**날 **운**전하는 **도**우미

정답 : 갈등
눈과 구름을 자르는 칼을 세 글자로 하면?

Fun & Joke

십시일반

주말 등산이나 각종 행사는 늦잠을 고려,
10시에 모이는 것이 일반적입니다.
이를 '십시일반' 이라 하죠.
선달의 사무실에는 시계를 항상 10시에 고정시켜 놓고 있어 하루 두 번은 꼭 맞습니다.
이유인 즉슨,
시계를 보며 항상 열시(?)미 일하니까.

골프인 경우는 어떨까요?
두세 시간 자고 새벽에 헐레벌떡 나서서 비몽사몽 치고, 식사를 하고 사무실로 돌아오면 서너 시.
오후에 볼일을 볼 수도 있겠지만 피곤해서 낮잠을 자기 일쑤죠.
그러므로 밀린 잠도 보충하고 여유있게 10시경에 집을 나섭니다.
이런 날은 공이 잘 맞을 것 같은데 묘한 것은 결과를 보면 그렇지 않을 때가 많다는 겁니다.
그래도 새벽잠을 설치지 않으니 좋지요.

십시일반이 되면 카풀하기도 쉬워져서 오면서도 즐겁고 가면서도 즐거운 오락가락(오樂가樂)이 되지요.
공도 오락가락, 비도 오락가락, 사우나에서는 온탕냉탕.

오늘도 두 팔을 벌리고 크게 외쳐본다.
굿데이 굿맨 굿샷!

신에게 가서는 울고, 사람에게 가서는 웃어라. – 이스라엘 속담 –

Fun & Joke

1박2일

사진을 찍을 때 어떤 포즈를 취하세요?
아마추어는 하나, 둘, 셋 하는 순간 눈을 감지만, 프로들은 웃는 표정을 짓지요.
골프도 마찬가집니다.
연습 스윙 때는 부드럽게 하다가 본 스윙에서는 힘이 잔뜩 들어가요.

사진 찍을 때 자연스런 표정을 짓는 방법이 있어요.
셔터 누르는 사람이 '1박' 하면 다같이 '2일' 하며 'V' 자를 그리는 거예요. 스마트폰 카메라 렌즈 언저리에 스마일 마크를 부착하여 자연스럽게 웃게 만들기도 해요.

무궁화장, 모란장, 동백장, 목련장, 석류장
국민훈장 이름을 본 딴 여관들이 많군요.
'어젯밤에 효과 보신탕' 이란 영양탕집 명칭을 지어 준 아이디어 뱅크 전유성씨가 유머작가 김재화 박사에게 한 말은,
"재화가 '1박2일' 이란 여관 이름을 달면 재화를 박박 긁을텐데..."

단골손님
누가 애인과 모텔에서 나오다 젊은 남친과 현관으로 들어오는 부인을 보았다. 그 자리에서 부부가 욕하며 싸우자 모텔 주인 왈,
"단골끼리 왜 그러세요."

정답 : 설운도(雪雲刀)
성대출신이 현 정부에 많이 등용되는 이유가 선거 공약이라는데 그 공약은?

새누리당에서는 지난 대선이 1박2일 캐치프레이즈 덕분에 대박(대통령 박근혜)났다고 해요.

일...단
박...근혜
이...번에는
일...번

박수소리 절로나고
근심걱정 사라지는
혜택받은 대한민국이 이번에야말로 꼭 건설되었으면...

기묘한 인연

박정희 대통령은 5·16으로 대통령이 되었고, 박근혜 대통령은 51.6년(1961.5.16 ~ 2012.12.20으로 정확히 51년 219일과 일치)만에 51.6%를 득표,
108.0만표 차이로 108번뇌를 0으로 만들었다.
박정희 대통령 18년 집권, 박근혜 대통령은 18대 대통령.
박정희 대통령은 61세까지, 박근혜 대통령은 61세부터.
1961년에서 2013년까지는 52년, 박근혜 대통령은 52년생.
육영수 여사는 문씨의 총탄에 숨졌고, 박근혜 대통령은 문씨와의 싸움에서 이겼다.
박근혜 대통령의 지역구인 경북 달성 비슬산(琵瑟山)에는 임금 왕字가 네 개.
결과적으로 이명박근혜.

논란이 분분한 문제에 관해 역성들지 않고 사리 바르게 말할 수 있는 사람이야말로 유머감각이 풍부한 사람이다. - L.F. -

Fun & Joke

카페트

가족과 외식을 가끔 하시지요?
주 5일제 이후에는 황금같은 금요일이라는 말이 생겼어요.
물론, '월화수목금금금' 인 회사도 많이 있긴 하지만요.

외식업체 T.G.I. Friday's는 주말의 해방감을 나타내는 Thank's God It's a Friday!에는
'금요일이다 신이여 감사합니다' 란 뜻이 담겨 있지요.
그런데, 금요일이 되면 TGIF를 외치다가 월요일만 되면 월요병의 상징인 OSIM(Oh shit it's Monday)를 외쳐서야 되겠습니까?

21세기 SNS(Social Network Service)시대를 주도하는 TGIF의 의미,
Twitter
Google
I-Phone
Facebook

유머작가 김재화박사 **'카페트'** 는 달라요.
카카오톡
페이스북
트위터

"In here, It's always Friday"

정답 : 태평성대
가장 비싼 호수는?

Fun & Joke

ABCD

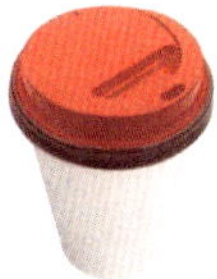

제가 골프장에서 가장 맛있게 먹는 빵은 안전빵이랍니다.

골프장 테이크 아웃 커피 뚜껑에는 주인을 구별하는 칼라 마크 또는 A, B, C, D로 구분되어 있는데, 선달은 A는 Ace, B는 Best, C는 Champion, D는 Dream이라고 해석하지요.
안양베네스트에서 저녁을 드시면 ABCD(**A**nyang **B**enest **C**ountry-club **D**inner)네요.
삼성은 언제나 Any + @
휴대폰은 Anycall, 출동서비스는 Anycar, 골프장은 Anyang?

안나푸르나 베이스 캠프 드림팀도 ABCD네요.

어떤 주례사에선 A, B, C, D를 이렇게 풀이하더라고요.
A(Accept) 서로 다른 차이 인정하라 **B**(Believe) 상호 신뢰하라
C(Care) 서로 돌보라 **D**(Dream) 공통의 꿈을 가지라

ABCDEFG란?
A **B**oy **C**an **D**o **E**verything **F**or **G**irl.
(사내는 여친을 위해 무엇이든 할 수 있다)
GFEDCBA란?
Girls **F**orgot **E**verything **D**one & **C**atches new **B**oy **A**gain.
(여자는 자기가 한 일을 모두 잊고 새로운 사내를 유혹한다)

입으로 화를 내도 눈으로는 웃어라. - 토마스 카일라일 -

골프는 타당단가 대리운전은 잔당단가

행사의 하이라이트는 시상식이죠.
시상식에 앞서 선달이 펑(fun)과자를 준비했어요.
펑과자를 손 안대고 입 안대고 먹으면 이불 한 세트($2) 줍니다.
정답자가 나오지 않자 선달이 마구마구 먹네요.
손 안(?)대고 입 안(?)대고 잘도 먹네요.

골프는 안 쳐도 뽑기를 해야 하고,
식사는 안 해도 시상식은 꼭 해야 한다네요.

오늘의 시상!
가장 많이 친 이코노미스트상이 준비되었습니다.
타당단가를 효율적으로 낮췄네요.
골프는 타당단가가 중요하고, 대리운전은 잔당단가가 중요하죠.
대도무문 건배사도 있다고 하네요.
대리운전 **도**착하니 **무**리해도 **문**제없다.

'그린피 내가 정한다' 여주 360도CC에서는 타당 1,300원씩 계산해서 주중 그린피를 받는다고 하는데, 360도 발상의 전환이군요.
정말 타당(?)하네요.

정답 : 백조의 호수
양파를 까면 깔수록 나오는 것은?

파김치는 다파상용으로 마련했는데,
파김치처럼 지친 피로를 해소하는 파김치.
군침이 확 도네요.

저는 이븐파를 자주 하는데,
출발순서가 2번 아니면 나인에 파 두 번(2번 파?).
하다 못해 볼빅 2번(이븐?)이라도.
어쩌다 하는 7번 홀까지 이븐 파는 은혜 입은(?) 파랍니다.
첫 홀 올 파, 화면조정시간, 멀리건 등

대파상으로 대파 두 쪽을 준비했어요.
전후반 점수 차가 가장 큰 대파(大波)군요.
전후반 점수가 같거나 차이가 가장 적은 소파(小波)상에는 한샘소파
팸플릿을 가져왔고요.
다복상은 뭔가요?
보기를 가장 많이 한 다보기(?)상이군요.
다른 곳에서는 변태상이라 하던데 발상의 전환이네요.

자 이제 니어리스트상에는 무엇이 준비되었나요?
메추리 알.
깐 메추리 알은 무엇을 상징하죠?
매출이 알까기.

라이프베스트가 얼마냐 물었더니 세븐 언더파.
세븐 언더파가 아니라 세 번 언더파?

사람들을 웃게 만드는 사람은 코미디언, 사람들로 하여금 생각한 뒤에
웃게 만드는 사람은 유머리스트이다. – 조지 번즈 –

Fun & Joke

아내사랑

5월 21일은 두 명(2)이 하나(1)가 된 부부의 날입니다.
아내(WIFE)는
Washing(세탁),
Ironing(다림질),
Food(음식만들기),
Eating(음식먹기)만 하는 사람이 아닙니다.

와이프(WIFE)를 잘 대하면 라이프(LIFE)가 즐겁지만,
잘못 대하면 나이프(KNIFE) 맞을 수도 있습니다.
그래서 Happy Wife, Happy Life!

한국방송코미디언협회 엄용수 회장은 자형이나
매제를 만나면 이렇게 얘기한다고 합니다.
"엄처(?)시하에 고생이 많으십니다."

내가 먼저

애타게 아들을 바라는 남자가 산부인과 대기실에서 초조히 기다리고 있었다. 다른 사람들은 빨리 호명을 하는데 자신의 이름은 부르지 않았다.
다시 한 사람을 부르는 찰라 그 남자가 화를 내며 말했다.
"뭔 소리 하는 거야, 내가 먼저 왔는데."

정답 : 눈물

첩을 북한말로 '곁마누라' 라고 하는데 와이퍼를 북한말로?

아내를 위한 건배사도 많다.

- 오바마 **오**직 **바**라보는 건 **마**누라뿐
- 마돈나 **마**누라 무서워 **돈**내고 **나** 먼저간다
- 위하여 **위**대하고 **하**늘같은 **여**보를 위하여
- 사이다 **사**랑해 여보 **이** 생명 바쳐서 **다**시 태어나도 당신만을
- 여행가자 **여**성이 **행**복하면 **가**정은 **자**동빵
- 남존여비 **남**자의 **존**재이유는 **여**자의 **비**위를 맞춰야 한다
- 부자유친 **부**드럽고 **자**상하고 **유**연하고 **친**절하게

여보(如寶)는 배우자를 '보배와 같이 소중하고 귀중한 사람' 이며, 당신(當身)은 '내 몸과 같다' 는 뜻이랍니다.

그런데, 누가 그랬어요.
하늘(天)보다 높은 한자는 남편 부(夫) 字라고.

아내사랑 7계명

- 인명재처 : 남자의 운명은 마누라에게 달려 있는 거야
- 수신제가 : 손(手)과 몸(身)을 쓰는 일은 제가...
- 지성감처 : 정성을 다하면 아내가 감동한다
- 처하태평 : 아내 아래 있을 때 모든 것이 평온하다
- 처화만사성 : 마누라와 화목해야 만사가 잘 되거든.
- 진인사대처명 : 내 할 도리를 다하고 마눌님의 명령을 기다려라.
- 하늘은 아내를 돕는자를 돕는다

아무리 높은 왕좌에 앉아 있을망정, 사람은 궁둥이로 앉게 마련이라는 것을 일깨워 주는 것이 유머이다. – 타키 –

Fun & Joke

좌빵우물

결혼식이나 여러 행사에서 가끔 해프닝이 벌어지고는 하죠.
어느 것이 자신의 물잔이냐고 티격대는 CF처럼 테이블 매너에서 양쪽에 놓인 빵과 물을 혼동하기 쉬워요.
결론적으로 좌빵우물, 즉, 빵은 왼쪽 것, 물은 오른쪽 것이 본인의 것.
명절 차례상이나 제사상 음식을 차리면서 어동육서(魚東肉西), 홍동백서(紅東白西)를 모른다 해서 큰 허물이 되지 않지만, 양식을 먹을 때 '좌빵우물' 을 몰라 우물(?)쭈물하면 무식하다고 하지요.

유사품 '좌광우도' 도 있어요.
눈이 좌측에 붙어 있으면 광어이고, 우측에 붙어 있으면 도다리입니다.
한편, 글자 수로 증명하는 학설도 나왔는데,
광어 두 자, 왼쪽 두 자, 그리고 도다리 세 자, 오른쪽 세 자
그래서 좌광우도가 증명된 셈입니다.

잘 나가다가 삼천포

영어시간에 선생님이 철식이에게 물었다.
선생님 : 'good' 의 비교급과 최상급은 뭐지?
철식이 : 굿 – 베터 – 베스트(good – better – best)!
친구들 : 우~와!
선생님 : 좋았어! 그럼 spell은 어떻게 되지?
철식이 : (의기양양해서) spell, speller, spellest!

정답 : 빗물닦이
집들이 때 두루마리 화장지를 선물하는 이유는?

Fun & Joke

포기

수험생 자녀를 두신 분 많죠?
성형외과의사 자녀는 점수를 몰라보게 올리고, 총알택시기사 자녀는 따블로 올리고, 채소장사 자녀는 쑥쑥 올린다는데 배추장사 자녀는 어떻게 올릴까요?
'포기하지 않는다'

골프용어가 우리말이 미국으로 건너가서 정착했다는 것을 아시는지요?
예를 들어,
드로우를 걸면 들어 오고,
아프로치는 앞으로 치고,
티는 잘 튀고,
우라가 생기면 울화(?)통이 터지며,
틀어버리면 트러블이 생겨요.
멀리간을 주면 멀리간다고 하지요.
결정적으로 안개가 끼면 어떻게 할까요?
포기(foggy)하지요.

아! 그래서 디저트는 뒤에 나오고, 아페타이저는 앞에 나오는 걸까요?
그럼, 오므라이스는 오므린 것이고, 피자는 핀 것인가?

음식점에서 반찬을 추가주문할 때 골프광은 '멀리간 하나 더 주세요' 라고 한다네요.

유머는 인간 두뇌활동 중 가장 탁월한 활동이다. – 에드워드 드 보노 –

Fun & Joke

R&D

전화와 더불어 문명의 이기가 된 것이 자동차.
RND(Research and Development)는 '연구 개발' 인데, 자동차 산업은 RND가 유독 많이 필요한 산업이다.
그러니만큼 자동차 안에 RND가 있다는 사실을 기억하자.

R...Reverse(후진)
N...Neutral(중립)
D...Drive(운행)

'김 여사의 하루' 의 주인공 김 여사가 어느 날 교통사고를 냈다.
R을 RUN으로, D를 뒤로 잘못 알고 운전해서.
그 김 여사가 타는 차는 BMW.
즉, **B**ig **M**ouse **W**oman

절반이 도둑

어느 나라 신문에 '이 나라 국회의원의 절반은 도둑이다' 라는 기사가 나갔다.
온 국회가 발칵 뒤집혀 격렬하게 항의, 즉각 압력을 넣어 신문사가 정정 기사를 싣도록 요구했다. 권력의 힘에 굴복한 신문사는 다음날 정정 기사를 냈고 그제서야 비로소 조용해졌다.
정정 기사 내용은 이러했다.
"이 나라 국회의원의 절반은 도둑이 아니다!"

정답 : 일이 두루두루 잘 풀리라고

정치인과 파리의 공통점?

Fun & Joke

WC

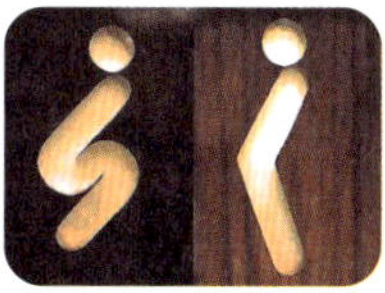

여러분은 어떤 회사를 평가할 때 주로 무엇으로 판단하시나요?
전문가의 판단기준은 세 곳에 있답니다.
운전기사, 비서, 화장실.

새로 오픈한 대형쇼핑몰 화장실에 사람이 북적대고 있는데, 남자들은 소변기가 비어 있는데도 좌변기를 이용하더랍니다.
소변기가 너무 높아 볼일을 볼 수 없었던 것입니다.
그 소변기에는 이런 마크가 붙어 있었지요.
American Standard!
정말, AS가 필요한 곳이네요.

어느 좌식 화장실 문에는 이런 문구가 적혀 있다고 해요.
"당신이 나를 깨끗이 사용해 주면 제가 본 것을 아무에게도 말하지 않겠습니다."

공중화장실
첫 번째 칸은 비어 있는데 두 번째 칸에는 줄을 서고 있었다.
첫 번째 칸이 더러워서 안 들어가겠지 하고 들어가 보았더니 너무 깨끗했다. 놀라서 뒤를 돌아보니 야한 낙서 아래 이렇게 적혀 있었다.
'더 재미있는 것은 다음 칸에...'

전혀 웃지 않는 사람과 너무 잘 웃는 사람을 경계할 것. - 아놀드H.그라소 -

Fun & Joke

타이거우즈

한때 스캔들로 슬럼프에 빠졌다 3년만에
정상회복을 한 모습을 확실히 보이고 있습니다.

타이거우즈의 이름을 파자해 봤더니 동양철학의 신비성이 증명 되더군요.
타이(泰國) + 거(巨) + 우즈(林)
즉, 타이계로 그린의 거목이 된다.
게다가 한자로는 호림(虎林)으로도 쓸 수 있겠죠.
그래서 호림글로벌(주) 회장에게 상징을 타이거우즈로 추천했어요.
임대호(林大虎)는 슈퍼 타이거우즈가 되겠네요.

호랑이는 타이거, 사자는 라이온, 용은 드래건.
즉, 양 용은 선수는 드래건 양.
해서 이름을 Dragon. Yang으로 바꿀 것을 제안했는데 조만간 바뀌지 않을까요?
청룡백호(靑龍白虎), 용호상박(龍虎相搏), 용쟁호투(龍爭虎鬪), 셋 다 용이 호랑이보다 앞서므로...
호랑이를 넘지 않고서는 세계 1위에 오를 수 없다.

조만간
조만간이란 며칠 이내가 적정한지 조만간 발표하겠다던 서울대 교수가 2년째 감감무소식이라고 하네요.

정답 : 신문에 맞아 죽는다
골프용어 중 유일한 순우리말은?

양용은 선수의 골프 성공여부를 성명학으로 풀어 보니,
이름 속에 공(0)이 다섯 개나 있어 올림픽 금메달은 떼어 놓은 당상.
그렇다면 양희영 선수와 양영아 선수도 금메달인가요.

재작년 타이거우즈 내한 때 동반 라운드를 하면서 진행을 맡았던 '한국의 리더베터' 임진한 프로도 같은 임(林 : woods)氏군요.
KPMG에서 후원하는 필 미켈슨.
Korea **P**hil **M**ickelson **G**olf의 약자일까요?

임진한 프로의 스승은 일본 골프의 신 아오키(青木) 이사오인데,
이사오 선생이 4일간 245(이사오)타를 친다면 최저타겠지요?
라운드당 평균 61.25타가 되니까요.
마치 메시가 골을 넣는 주기가 매 시(每時) 한 골 넣는 것과 같은 이치로 말이죠. 메시는 2012년 프리메라 정규리그 38경기에서 59골(약 58분에 1골)을 넣었습니다.

임진한 프로는 특강에서 골프의 3요소가 '**몸**통이 **해체**되도록 연습하라' 고 했습니다.
몸통스윙 **헤**드무게 **체**중이동

공을 바꿔라
국산 칼라볼로 미국시장에 태극기를 꽂은 볼빅 문경안 회장은 '골프를 잘 치려면 큰 공인 지구를 치지 말고 작은 공만 잘 치면 될 것이고, 공이 잘 안 맞으면 클럽을 바꾸지 말고 공을 바꿔라. 이왕이면 국산 칼라 볼로... ㅎㅎ'

자기 자신에 대해 웃을 수 있는 사람처럼 행복한 사람은 없다.
매일 웃으면서 살테니. – 하비브 부르기바 –

Fun & Joke

80산맥

퇴직을 리타이어(retire)라고 하는데, 이는 끝이 아니라 타이어를 갈아 끼워 새롭게 출발하자는 의미랍니다.

일반 회사의 정년은 55세~60세지요.
정년이 '에이티(80, eighty)' 라면 좋겠지요.
'한국농수산식품유통공사' 영문 이름이 '에이티' 입니다.
그래서 80세까지 열심히 일할 수 있는 직장인 것 같아요.

근데, 한국공인회계사회에서도 에이티를 주장하네요
AT(Account Technociance)

대학생 OT(Orientation Tour)를 체육대학에서는 AT라고 한데요.
Athletic Training.
그런데, 힘들게 시킨다고 해서 Animal Training라고 한다네요.
인기곡 '멜랑꼴리' 를 부른 에이티도 80세까지 가수생활?

aT 건배사로 80학번이 모아서 산 산인 **'팔공산'** 을 추천하고 싶어요.
팔...십대까지 **공**...도 치고 **산**...도 오르자
맥...주까지 마시면 팔공산맥!

정답 : 뒷 땅
임금의 가장 많은 성(姓)은?

Fun & Joke

부가가치세

골프 칠 때 미터를 사용하십니까? 야드를 사용하십니까?
캐디가 그러는데 미터에서 부가세 10%를 붙이면 야드래요.
이런 재치있는 캐디에겐 캐디피에 부가세를 붙여 주어야겠지요.

선달은 대리운전을 부를 때 기사에게 부가세 10%를 별도로 준다는 군요.
금액으로는 얼마 밖에 안되지만 더 친절하고 안전한 운행을 하는데,
요즘 어떤 대리운전은 10%를 마일리지로 돌려 준답니다.

골프장 숏게임에서도 부가가치세 법칙이 있어요.
30미터이면 3미터 이내, 20미터는 2미터 이내, 10미터는 1미터 이내에 붙여야 한대요.

부가가치세란 '**부**자와 **가**난뱅이가 **같이** 내는 **세금**' 이래요.
그래서 균등 10%가 아닐까요.

부가가치세의 원조는 역시 교회 십일조.
십일조를 잘 내야 구원을 받죠.
왜 십원이 아니고 구원이냐고요?
일원을 십일조 하고 나니 구원이죠.

Tip 여필종부는 **여**자는 **필**히 **종**부세 내는 **부**군을 얻어야 행복하다?

미국의 성공한 사람은 유머지수가 높다.

Fun & Joke

일파만파

골프 행사의 꽃은 아무래도 시상식이죠.
중국에서는 이런 골프 시상식을 하지 않을까요.

메달리스트에게는 군계일학(群鷄一鶴)상!
여러 평범한 선수들 가운데 있는 뛰어난 한 사람이네요.

보기를 가장 많이 한 선수에게는 일목요연(一目瞭然)상!
너무 재미있게 골프를 쳐도 점수가 잘 안 나온다네요.
그래서 웃으면 보기(?) 해요.

버디를 가장 많이 한 선수에게는
일석이조(一石二鳥)상!
꿩 먹고 알 먹고.

중국의 웃음
下下下(하하하) : 자신을 낮추며 웃을 때
好好好(호호호) : 좋은 감정을 가지고 웃을 때
喜喜喜(희희희) : 기뻐하며 웃을 때
虛虛虛(허허허) : 마음을 비우며 웃을 때
解解解(해해해) : 스트레스를 풀며 웃을 때

정답 : 납氏(상감마마 납씨요)
18홀 내내 파(par)만 하면?

니어리스트에게는 정문일침(頂門一鍼)상!
파(par)를 하고 니어를 차지하면 '파이요 니어'.
롱기스트에게는 건곤일척(乾坤一擲)상!
하늘과 땅을 걸고 멋진 한판의 승부를 걸어봐요.

전반보다 후반이 많이 향상된 선수인 대파상(大波賞)으로는 괄목상대(刮目相對)상!
눈을 비비고 상대를 보듯 남의 학식이나 재주가 놀라운 정도로 부쩍 향상되었다는 뜻이죠.

전,후반 흔들림없이 차이가 적은
소파상(小波賞)으로는 초지일관(初志一貫)상!
파를 가장 많이 한 다파상으로는 일파만파(一波萬波)상!
한 번 파(par)맛을 보더니 계속 파만하는군요.

오케이를 안 주면 우정에 금이 가고,
오케이를 잘 주면 애정이 싹이 트는 애매한 이 거리를
가수 문희옥은 '사랑의 거리' 라고 부른다지요.

Tip **중국 골프격언**

다타호신 소타호심(多打好身 少打好心)
많이 치면 몸에 좋고, 적게 치면 마음에 좋다.
다타호타 소타호낭(多打好他 少打好囊)
많이 치면 동반자가 좋아하고, 적게 치면 호주머니가 좋아한다.
다타경낭 소타중낭(多打輕囊 少打重囊)
많이 치면 호주머니가 가볍고, 적게 치면 호주머니가 무겁다.

여자들이 남자보다 7년 정도 더 오래 사는 것은 여성들이 남자보다 더 잘 웃기 때문이다.

Fun & Joke

둘 다섯

긴머리 소녀, 밤배, 얼룩고무신, 눈이 큰 아이 등 포크듀엣으로 70년대 숱한 히트곡을 낸 둘 다섯은 이두진, 오세복이란 두 성(姓)에서 가져왔다고 해요(이 오 = 2 · 5 = 둘 다섯).
그래선지 둘 다섯이 좋아하는 음료가 이오(2 · 5) 요구르트 라는데요.

여러분들은 아이들에게 어떤 우유를 먹이세요.
아이가 태어나면 아인슈타인 우유를 먹여요. 천재 되라고.
초등학생이 되면 서울대에 들어가라고 서울우유를 먹이고
중학생이 되면 SKY에 들어가라고 연세우유를
고등학생이 되면 2호선이라도 타라고 건국우유를 먹이고
2학년이 되면 인 서울 하라고 삼육우유로 바꾸고
3학년이 되면 지방대학이라도 가라고 저지방우유를 먹이는데,
시험 때가 임박하면 '그저 매일 씩씩하고 건강하게만 자라다오' 라는 바람으로 매일우유를 먹인다지요.
그럼, IB스포츠(인터불고그룹) 장 상무는 아이비 아몬드만 먹이는데 아이비리그 보낼 작정?

근무시간

긴 머리 소년이 근무시간에 이발하러 갔다가 상사에게 들켰는데, 이런 대답으로 위기를 모면했다고 하네요.
"근무시간에 자란 머리라서요."

정답 : 파생충(파만 생산하는 벌레)
'긴머리 소녀'를 다른 말로 하면?

Fun & Joke

아가페

브랜드 마케팅이 중요하다는 사실은 알고 계시지요?
고도원의 아침편지에서 페이스북을 개설했을 때
아페가(**아**침편지 **페**이스북 **가**족)로 출발한다는 편지가 왔더라고요.

답장으로 아페가보다 아가페(**아**침편지 **가**족 **페**이스북)가 어떻겠느냐는 제안을 했죠. 아침편지가 정치나 영리목적이 아닌 아가페의 사랑을 실천하고 있으니까 말이지요.
이틀만에 '아가페' 로 변경하여 재출발하게 된 사연이 있습니다.

아페가 vs 아가페
그 두 개의 제목은 천양지차이죠.
글자 순서 하나 바꿨을 뿐인데.

이런 광고 어땠나요?
원기소 : 소띠 김원기(LA올림픽 레슬링 금메달리스트)
발모제 : 毛나라(아토피 치료제는 柔토피아)
골프클럽 : 퍼트상표는 '버디', 우드는 '타이거'
아이파크 : 세계 랭킹 1위 박인비(I.Park)
삼호건설 : 사모해요 삼호
삼성화재 : 애니카 서비스는 애니카 소렌스탐
킨사이다: KIN(옆으로 눕히면 '즐')겨라 KIN

마음의 즐거움은 양약이나 근심은 뼈를 마르게 한다. – 성서 –

Fun & Joke

J&B

제비들은 어떤 술을 좋아할까요?
바로 J&B랍니다.
주명인 J&B라는 것은 제조원인 저스테리니(Justerini) & 브룩스(brooks)사의 이니셜을 이어받은 것인데요.

뜻깊은 회식자리에 친구가 J&B를 준비해 간다.
하지만 그가 준비한 J&B는 조니워카 블랙라벨.
5년 동안 숙성시켜서인지 꺼내 보면,
조니워카 블루라벨(J&B).
마치 발렌타인 17년산을 4년간 보관하면 21년산이 되며,
21년산 두 병이 42년산으로 둔갑하는 것처럼.

SBS(손범수?) 공식 음료술은 스카치 블루 스페셜(SBS)!
그럼, 프로야구 PS공식음료는 포카리 스웨터, SDS 공식음료는 삼다수?

WINE세대
사오정(45세 정년), 오륙도(56세는 도적이다), 육이오(62세는 오적이다)는 옛말!
45세에서 64세까지는 향기 그윽한 와인세대!
WINE(Well Integrated New Elder)은 균형 잘 잡힌 새로운 장년층

정답 : 모(毛) 자란 아이
경찰서 조서에 꽃뱀의 직업을 구멍가게로 쓴다면, 제비의 직업은?

Fun & Joke

물 반 고기 반

'황금어장' 이란 TV 프로그램을 보시나요?
어떤 매장에 가면 수산물을 담당하는 **물반**과 육류를 담당하는 **고기반**이 있답니다.

골프 내기에서 상대가 쉽다 싶을 때 '물 반 고기 반' 이라는 말을 쓰는데요.
어떤 골프장에는 벙커가 너무 많아 잔디 반, 벙커 반이라고 한답니다.
5월 이전 잔디가 자라기 전에 골프장에 가면 잔디 반, 모래 반이라고 해야 하나.
18홀 골프장의 잔디가 파란 계절은 묘하게도 5·16부터 10·26까지라고 하네요.

술을 가득 부어 주고 '원샷 하라' 고 하는 것은 고문에 해당됩니다.
그래서 주법에는 '술 반, 마음 반' 규칙이 있습니다.
맥주는 넘치는 거품이 정(情)이지만, 소주나 양주는 남는 부분이 정.

무기여 잘 있거라
바다낚시를 즐기던 헤밍웨이가 조난을 당해 묵호항까지 떠내려왔다.
묵호에서 묵 매니아가 되었는데 영양실조에 걸려 입원을 했다.
의사가 묵을 끊으라고 했다.
퇴원해서 쓴 책이 '묵이여 잘 있거라'.

15초 웃으면 이틀 더 오래 산다. - 미국 의학자 -

Fun & Joke

9988

9988을 보면 떠오르는 게 뭘까요.
건배사 9988 – 234인가요? 이미 올드버전이 되어버렸지요.
이제는 9988 – 오징어가 유행에 합류했어요.
99세까지 88하게 **오**래오래 **징**그럽게 **어**울리자.

평생동안 웃고 살면, 평생 동안(童顔)?
그래서 한국가정의학회 구호는 '가족건강' 하면 '평생동안'
또한, **힐러리**를 가장 존경한다지요.
힐링하고 **러**닝하고 **리**딩하자.
그래서 건배사도 '오바마(**오**래오래 **바**라는대로 **마**음먹은대로)' 하면
'힐러리'로 화답한대요.
99번을 달고 88하게 던지는 'Ryu can do' 류현진도 차세대 9988.

중소기업 숫자가 99%이고, 종사자가 88%인 것도 9988.
서울에서 대구까지 KTX 소요시간도 99분88초, 즉, 100분
KTX는 대구, 경북사람들의 엑설런트한 교통수단의 약자?

소원

120세 최장수 노인에게 소원이 무엇이냐고 물었더니 활짝 웃으면서 하시는 말씀,
"여자 친구 하나 소개시켜 줘. 이왕이면 연상으로…"

정답 : 고추장사
류현진의 첫 완봉승을 만든 8회 구속(球速) 153km를 칭송하는 김동서의 노래는?

Fun & Joke

오늘의 물투

21세기 CEO는 어떤 모습일까요?
강남(强男)스타일 이후 CEO(시이오)는
'**시**원하게 **이**끌어 주는 **오**빠' 를 말한다고 하죠.

그럼, CFO는 무엇일까요?
C...**시**작도 좋고
F...**애프**터 멋진
O...**오**늘의 물주

야간 유흥에는 임원들의 역할이 분담되지요.
CEO는 여흥(Entertainer)에 대한 책임을 지고,
CMO는 음식의 Menu선택을 하고,
CIO는 재미거리(Interest)를 제공하고,
CFO와 CPO는 식대(Food, Price)를 지불한다.
CTO는 교통(Taxi)과 관련된 교통문제(Traffic Trouble)를 해결하며,
2차로 이어질 경우 COO는 상상에 맡긴다.

무서운 이야기
목이 없는 무서운 이야기...월화수 금토일
팔이 없는 무서운 이야기...1234567 90
무릎 없는 무서운 이야기...머리어깨 발발발

웃지 않는 자는 장사를 하지 말아라. – 중국 속담 –

Fun & Joke

해를 품은 달

해품달 드라마 보셨는지요?
어린이들은 해품달을 밝을 명(明)자로 표현한다고 하네요.

어린이들의 시각으로 바라본 재미있는 한자를 보면,
只(다만 지)........ TV(구형)
圖(그림 도) .... 디스켓
占(점칠 점) .... 학교 마크
甲(갑옷 갑) .... 파리채
亞(버금 아) .... 모래시계
田(밭 전) .... 창문틀

해를 품은 달

한자를 풀어보면 정말 재미있고 의미 있는 글자가 많아요.
그릇 기(器)자는 보신탕을 의미할까요?
입 구(口)자 네 개에 개 견(犬)자.
어떤 사람은 방석 네 개를 깔고 앉은 모습이라 하데요.

'보신탕 드실 줄 아시는지요' 를 충청도 사투리로 하면
'개 혀' 가 되지요.
중국에서는 핫도그(hot dog)를 熱狗로 표현한다고 해요.

정답 : 아름다운 구독
소양강 처녀가 애만 태우는 이유는?

들을 청(聽)자를 보면,
王(임금 왕) + 耳(귀 이) + 十(열 십) + 目(눈 목) + 一(한 일) + 心(마음 심)
즉, 임금의 귀로 열 개의 눈과 하나의 마음으로 경청하라는 뜻.

친구(親舊)의 친(親)자를 보면,
木(나무 목) + 立(설 립) + 見(볼 견)
나무 위에 서서 바라보다가
어렵고, 힘들고, 괴로울 때 찾아가서 도와주는 것이 진정한 친구라는 뜻입니다.

Don't give up의 발음이 '돈기부업' 이다.
이를 한자와 영어로 풀이해 본다면,
돈(錢), 기(氣), 부(富) 업(UP)!
반드시 돈(錢), 기(氣), 부(富) 모두 '업(UP)' 하세요.

Don't give up
학에게 개구리가 잡아먹히는 찰라 머리는 부리 속에 있으나 양손으로 학의 목을 졸라 학이 이러지도 저러지도 못하는 모습을 그린 카툰을 기억하시겠지요?
가수 성진우의 '포기하지마' 의 MV캐릭터로 쓰면 좋겠지요.

웃음은 높은 혈압은 내려주고, 낮은 혈압은 높여준다.

Fun & Joke

네 가지

중년여성에게 필요한 네 가지는 무엇일까요?
첫째는 수다를 받아 줄 친구.
전화로 한 시간 넘게 수다를 떨고는 이런 말로 끝을 맺는다고 하죠.
"나머진 이따 만나서 얘기하자."
둘째는 나를 이해해 줄 이쁜 딸.
셋째는 남에게 무시당하지 않으려면 머니머니해도 머니가 있어야.
넷째는 건강하게 남편보다 오래 살아서 그를 뒷바라지 해 줄 수 있어야 한다고.

반면, 남편들은요?
첫째는 아내, 둘째는 마누라, 셋째는 와이프, 넷째는 처.
정말 처(?)량하네요.

참된 사람(四覽)이란 봄, 여름, 가을, 겨울 사철을 볼줄 알아야 하고,
동, 서, 남, 북 사방을 알아야 하며,
남녀노소, 고저장단, 전후좌우, 춘하추동 네 가지를 알아야 한다.

한국의 세계 수준 네 가지
고스톱 룰, 건배사, 조찬포럼
그리고 내기골프 룰

정답 : 그리워서(아아~그리워서 애만 태우는)
'닭이 알보다 먼저'인 이유?

네 가지는 싸(사)가지라고도 하는데,
이외수 작가는 개념, 교양, 양심, 예의를 꼽았으며,
유영만 교수는 존중, 배려, 겸손, 감사를 꼽았다.

골프가 잘 되려면 네 가지 'C' 가 좋아야 하는데,
날씨(Climate),
동료(Companion),
컨디션(Condition),
그리고, 캐디(Caddy).

골프 뽑기에서 조커의 활용으로
보기, 두 번째 점수, 파, 최상위 점수 등이 있는데,
그늘집 별로 한 번씩 공평하게 바꾸는 것이 합리적이라고 하네요.

여자가 좋아하는 남자의 네 가지 '비' 는
비위를 맞춰주고,
비용을 대주며,
비밀을 지켜주며,
그리고, 비명을 지르게 해 주는 남자라고 하네요.

카톡이 문자메시지보다 좋은 네 가지
공짜이다.
그룹채팅이 용이하다.
사진크기를 조절할 수 있다.
보내는 시간제한이 없어 새벽에도 보낼 수 있다.

웃음은 조깅의 효과가 있다. 일종의 '내적 조깅' 이다.

Fun & Joke

YES

가장 긍정적인 짐승은 무엇일까요?
모든 것이 잘 되는 돼지랍니다.
돼지는 맛이 없어도 꿀맛같다고 꿀꿀거립니다.
그래서 돼지띠에 예스맨이 많다는 우스갯소리도 있어요.
골프장에서 노맨은 초식불길(不吉), 예스맨은 초식불낄(?).

YES24만 이용하는 선달이가 원장(?)인 윤선생 영어교실도 YES지요.
Yoon' s English School
윤선생 영어교실이 추구하는 '당신의 가정에서는 안전교육이'
Your Education Safety!
몇 년 전 연세대 경제대학원 모임명을 YES99로 지어 준 선달.
Yonsei Economic Society 99학번
그럼, EBS는 Early Bird Special인가요?
'모든 것은 깔끔하고 짧게' 를 모토로 하는 EBS 캐치프레이즈는
KISS(Keep It Simple & Short)로
EBS(Everybody Beautiful Success)를!

탈무드에 이런 얘기가 있어요.
탈무드 읽으며 담배를 피우면 NO, 담배를 피우며 탈무드 읽으면 YES.

담배인삼공사에 이런 캐치프레이드를 붙이면 어떨까요.
'담배로 해친 건강 홍삼으로 되찾자'

정답 : 부모없는 자식없다
국제화가 없어지고 세계화, 글로벌로 바뀐 이유?

Fun & Joke

알까기는 꺾기도의 원도

알까기 좋아하세요?
알까기 종류가 여럿이지요.
첫째, 사전적인 의미는 부화, 즉 '알을 깐다' 는 의미.
둘째, 최양락이 티비 개그프로에서 유행시켰던 바둑알 게임.
셋째, 야구나 축구 등에서 공을 뒤로 빠트리는 실수.
넷째, 골프에서 잃어버린 공 대신 주머니 속의 공을 몰래 꺼내는 반칙.

윤선달의 알까기는 한 가지 용어가 두 가지 이상의 의미로 나오거나 어떤 상황과 연결된 조크로 이어짐.
즉, 아나로그는 '꼬리에 꼬리를 무는 ○○○', 디지탈은 '알까기○○○'
알까기는 깰 파(破), 알 란(卵), 일본어로는 아리까리(?).
그래서 파란(破卵)으로 파란을 일으킬 지 알란(?)가 몰라.

'MK정신 계승모임' 에 참석했을 때 참석한 회원사를 알까기로 OD－DA－AH－HM－MK－KS－SP－PL 이렇게 엮어 보았다.
즉, 참배나무골 오리(Original Duck) － 대아택시 － 안동병원(Andong Hospital) － 휴먼링크 － MK독서실 － KS택시 － 수원금속(Suwon Pipe) － 파크랜드... 이것이 바로 꺾기도!

또 어느 행사에서는 이런 덕담을 하기도 했다.
SM(Sales Manager)은 SM차를 탈 수가 있고,
BM(Branch Manager)는 BMW를 탈 수 있지만,
LC(Life Consultant)는 LC(링컨 컨티넨탈)을 탈 수 있다.

웃음은 의심을 녹이며, 편견의 벽을 허물며, 사람에게 편안함을 준다.

Fun & Joke

아나로그는 김선달 디지탈은 윤선달

자기 PR시대가 된 지 오래죠. 피알(PR)이 뭘까요?
P할 것은 **피**하고, R릴 것은 **알**리는 것이랍니다.
군대에서 PRI(피알아이)교장은
P…피가 나고 R…알이 배기고 I …이가 갈리는 곳이지요.
PRI를 UDT(우리 동네 특공대?)는 알랑가 몰라.

선달의 필명을 지어 준 전유성에게 왜 하필 선달이냐고 물었더니,
“야, 여자들이 안 선 다리보다 선 다리를 좋아하잖아!”
‘아나로그는 김선달, 디지탈은 윤선달’
아이디어로 세상을 즐겁게 만들라는 특명을 받았습니다.

역발산 기개세(力拔山 氣蓋世) 산을 뽑고 세상을 덮을 만한 기상
역발상 기개세(逆發想 技改世) 역발상으로 세상을 바꾼다.

전유성 씨와 선달은 동갑입니다. 사실은 띠동갑.
전유성은 53세 소띠이고, 선달은 41살 송아지띠.

모교인 대구상고가 상원고로 바뀌자 스카이(SKY) 출신이라고 주장하네요. 상원고(S) – 국민대(K) – 연세대학원(Y)
그것도 말 되네.

정답 : 국제상사가 문 닫아서
선달은 담배를 안 피우고 바람을 피우는데 모두가 알고 있는 그 바람은?

김선달은 대동강 물을 팔아먹고, 윤선달은 알까기 말을 팔아먹고
김선달은 사기를 치고, 윤선달은 사기를 진작시킨다.
하하... 그러고 보니 알까기 시리즈 벌써 6탄으로 정말 사기를 진작 시키고 있군요.
윤선달을 김선달로 부르면 성(?)희롱,
윤건달은 무죄. **건달**은 **건**배사의 **달**인.

전화번호 010-5*73-7080도 맞춤형
대상을 5*회로 졸업하고 79년 3성그룹 입사한 70(칠곡)출신 80학번

자신의 상호도 직접 지어, 삼성SDS 인터넷전화 법인대리점인 삼성와이즈(주)를 설립하였는데, WISE는
Wyz(삼성와이즈070) **I**P-Phone(인터넷전화로)
Smart(스마트한) **E**-life(이-라이프를...)의 의미였다.

현명한 사람(WISE MAN)은
Work(열심히 일해서) **I**nsurance(연금보험도 들고)
Save(저축도 해서) **E**njoy(노후를 즐긴대요)

주말(SD)인 SaturDay와 SunDay가 더욱 바쁜 선달(SD)입니다.
술 배와 밥 배가 따로 있듯이 사업시간과 책 쓰는 시간이 따로 있으며, 저녁 늦게 들어가지 않고 규칙적으로 새벽일찍 귀가하는 선달은 새벽형 인간?
청와대는 BH인데, 선달이가 좋아하는 골퍼가 BH(벤 호건),
좋아하는 술도 BH(Bier Halle), 차도 제네시스 BH330.

본명이 BH.Yoon인 선달과 BH와는 어떤 인연일까?

지구상에 웃을 수 있는 동물은 사람뿐이다.

Fun & Joke

만원(?)의 행복

만원의 행복이란 방송을 본 적 있으세요?
한때 만원짜리 장바구니 비교표를 두고 물가가 오르는 것을 알아보기도 했어요.
무엇이 만원의 행복일까요?

여러 사례가 있겠지만, 지공회를 위한 만원의 행복코스가 있다지요. 천안에 가서 대기버스로 온천까지 하고 점심을 먹고 돌아오면 딱 만원! 골프치는 사람들은 OECD 가입해서 오비를 내거나 만원을 내면 세 명이 즐거워하는데, 이것도 일종의 만원의 행복이지요.

에지에 공이 갔을 때 어프로치로 하지 않고 퍼트를 해서 들어가거나 붙이면 점수가 좋아져서 좋고, 쓰리퍼트 하면 만원을 내서 세 명이 즐거우니 만원의 행복!

장사하는 사람들 입장에서 볼 때도 손님들이 꽉 들어차면 좋으니 만원(?)의 행복일 밖에요.
달나라까지 가는 요즈음 이웃과 함께하기 더 멀어진 세상.
만원 버스나 전철에서 이웃과 사람냄새 맡고 서로 부대끼면서 살아가는 것도 만원의 행복이겠지요.

선달의 알까기 시리즈로 만원(?)의 행복을 드립니다.

정답 : 신바람
공과 사과 사이에서 개가 고민을 하면? 공개사과

스토리텔링

알까기 Fun & Joke

지은이 | 윤선달

펴낸곳 | 도서출판 선암사
펴낸이 | 정재형
찍은날 | 2013년 7월 7일 초판발행
2014년 11월 26일 10쇄발행

표지만화 | 이현세
북디자인 | 이희화

편집 · 제작 | 엠아이컴

출판등록 | 2006년 7월 19일(제2-4428호)
주소 | 서울시 중구 중림동 500번지 대우디오센터 127호
전화 및 팩스 | 02)2128-0353, 2128-0352
메일 | micom114@naver.com

값 8,000원
※파본이나 잘못된 책은 바꾸어 드립니다.
ISBN 978-89-958426-9-0